皆殺し映画通信（みなごろしえいがつうしん）

YANASHITA CINEMA MASSACRE

ストライクス・バック

柳下毅一郎

FILM ART
フィルムアート社

映画の終わりから

「皆殺し映画通信」は誰も見ていない日本映画を見てみようという思いからはじまった。メジャーな映画会社が作ってテレビでけたたましく宣伝されている映画ですら、意外とその中身はみな知らなかったりする。ましてや存在すら知らないような映画においておや。誰も見向きもしないような映画の中に、意外な驚きと発見があった。

その中で考えはじめたのが、これこそが現代日本のエクスプロイテーション映画ではないのだろうか、ということだ。

「エクスプロイテーション映画」とは何か？　一般的にはエクスプロイテーション映画は流行りのネタやジャンルなどを題材にして手っ取り早い金儲けのために作られる映画のことである。したがってエクスプロイテーション映画と呼ばれるのはもっぱら暴力とセックスを売り物にする低予算映画ということになる。だが、言葉の意味をたどれば、「エクスプロイテーション」とは搾取のことである。つまり、エクスプロイテーション映画とは手っ取り早く観客を搾取するために作られる映画のことである。となれば、搾取する材料は別にヌードだけでなく、なんであってもいいはずだ。そう、それは……たとえばそれは町おこしのための地域振興映画だったりするのかもしれない。「映画で町おこし」という、どこまで実効性があるのかもわからない絵に描いた餅に飛びつく人々と、それを支える「地方映画のプロ」とは、きわめて興味深い存在ではあるまいか。

映画は世相を反映するが、エクスプロイテーション映画は人々の欲望を反映する。それはよりダイレクトに社会のかたちに反応しているのだとも言えよう。ならばこれこそが現代日本人の欲望のかたちなのだと言ってもいいかもしれない。それはとても奇妙なものである。事故があればまっさきに飛びこんで二次災害を引き起こすエゴの塊のような救急医。祭りをやるために祖父の死を偽装する高校生。宇宙に出かけて「うわー！すごい！」と叫ぶ億万長者。そして、世界の終わりを夢想する女子高校生。

世界の終わりとは、もちろん、映画の終わりである。世界＝自分＝映画、それがダイレクトに直結しているのが今このセカイなのだ。つまりは映画の終わりを夢想してきた一年だったということなのだろうか。だが、終わりを夢想しているあいだはそれは終わらないのである。甘美な終わりの夢にたゆたっている日本映画たち。だが、夢を見ながらだらだらと続いているうちに、いつのまにか新しい地平にたどりつくこともあるかもしれない。そのほうが美しい終末よりはだいぶよかろう。少なくとも、そこにいたるまでの道中はまだまだ楽しめそうだ。

柳下毅一郎

二〇二四年六月

CONTENTS

皆殺し映画通信 ストライクス・バック 目次

第二部 皆殺し映画放談2023 191

柳下毅一郎（映画評論家）×村上賢司（映画監督・テレビディレクター）

皆殺し映画リスト

設定も演技も衣装もストーリーもあまりに自由。
自由すぎて何を目指していたのかもよくわからないというレベルで自由

『火面　嘉吉の箭弓一揆』

監督＝秋原北胤　脚本・技術統括＝落合雪江　撮影＝ZIGEN　音楽＝THE金鶴
出演＝和泉元彌、坂元健児、なかじままり、林健樹、咲良、原田朱、山崎仁衣菜、川島正治、スティーブ・エトウ、サワサキヨシヒロ、小倉一郎

「土倉（鎌倉時代の高利貸し）による高利により民衆の徳政令発布を求める声は世に溢れていた。一方で世にはびこる悪行を正すため仮面姿の男『火面（ファイアマスク）』が京の都で暗中飛躍していた」というあらすじを読んで「え、あれ京の市中のつもりだったのか、ほぼどっかの寺と森の中で人が突っ立っているだけの映画と思ったが」などというのはツッコミどころのうちにもはいらないこの映画。アナクロニズムとかいうレベルでなく、設定も演技も衣装もストーリーもあまりに自由。自由すぎて何を目指していたのかもよくわからないというレベルで自由なのだった。かつてのカエルカフェ[※1]には「名作」を作りたいという野心があり、それゆえに版権切れの文豪の作品を原作にするようなことをしていたのである。だが、これはもう……何を目指しているのかすらよくわからない地点にたどりついていたのだった。

映画がはじまるといきなり現代の小学生が登場。え、時代劇じゃなかったの？　室町時代マニアの少年、学習机に向かうと時代劇漫画を書きはじめると、そこからはじまる物語が……えっこれ小学生が描いた漫画の中身なの？　そういうわけで少々ファンタジックで非現実的なお話になります

が、すべて小学生の夢ということでご容赦いただきます。

白拍子の女と天竺の女（虎の毛皮をかぶっている）の二人をしたがえた細川持春（**和泉元彌**）は弓の名手である。世にはびこる悪を成敗すべく、赤い仮面をかぶって変身！　じゃじゃん！（ちゃんと囃子が入る）ミキサーをあやつって変な音を聞かせ、民衆をたぶらかす者をはじめ、金光ぎん（**なかじままり**）の手下で悪事を働く高利貸したちを次々に懲らしめる持春であった。もっぱら二人組が何かを投げる↓それを持春が弓で射る↓何かしらが飛び出して懲らしめる、という手順をくりかえす火面こと持春なのだった。火面の活躍はいつしか巷の語り草となり、持春にも疑いの目が向けられるのであった。

さて嘉吉元年のある日、将軍足利義教（よしのり）は守護大名赤松満祐（みつすけ）から自邸に招かれる。なんでも鴨の子を見に来たとか。以下、室町幕府を揺るがす「嘉吉の乱」が描かれるのだが、カエルカフェにかかると世にも暢気な描写になってしまうのだった。宴もたけなわ――というか将軍が「お茶くれ」と言うと下働きのものが湯呑ひとつ持ってしずしずと登場するという前衛的にもほどがあるお茶会なのだが――抜き身の刀をかざして一人の武者がのしのし入ってくる。「将軍の御首頂戴する！」と叫ぶ武者の前に宴席の出席者はみな逃げ出すが、持春ただ一人は武者の前に立ち塞がる。だがかまわずふるう刀に、持春は右手を落とされてしまう。武者は将軍をも切り倒し、首級（しゅきゅう）を持って引き上げた。武者がたったひとりというのもすごいが、さらにすごいのは腕を落とされる描写で、落とした手の模型は作っておらず、和泉元彌が大声で「ぐええええ～」と叫びながら、柱の陰から血糊を塗った腕を突き出して切れた腕のふりをするという……いやこれはもはやアヴァンギャルドなもうひとつの映画表現と言ってもいいのでは？

さて、歴史的にはこのあと赤松氏討伐の戦争があったりするのだが、この映画には関係ないので

ひたすら森の中で右袖を押さえてうぉーぐぉーと言っている持春。のたれ死ぬところを盲目の僧に助けられた持春、僧に、

「ここには何もないからこそ、すべてがあるのです」

とわかったようなわからないことを言われて深く感じ入る。もう弓は引けぬ身となってしまったが、それでもどこかに自分の役目はあるはずだ……と模索を続ける持春である。

一方、高利貸しに苦しむ庶民たちは一揆を引き起こすが、ファイアマスクの力もなく金光一派にたやすく撃退されてしまう。多くの犠牲に胸を痛めた近江御前（**咲良**）は幕府に徳政令を願いでる。だが黄金のかたつむり（これは実物が作ってあった！　なんで！）をはじめとする賄賂によって金光は管領細川持之（**坂元健児**）とずぶずぶの関係にあった。幕府の裁定は弓の勝負！　つまり農民側と土倉側双方が二名の代表者を出し、弓術で勝敗を決めるのである。どうあっても金光絶対有利の勝負。だが素人ばかりの農民側には持春がついている。はたして右腕を失った持春、不屈の努力で片手で弓をひこうとするが……どう努力しても無理だった！　無理なものは無理、かくして悪は世に栄えたのである……じゃなくて！　そこにあらわれたのが持春の部下である天竺の虎皮女。「天竺の弓です。これなら引けるはず」と持ってきたのが洋弓！　それも身体障害者スポーツで使われる奴！　いやはやカエルカフェのアナクロニズムには慣れきってはいはいとスルーするのが当たり前になっていたが、歴史劇でこれはさすがに驚いた。これを無効だと文句も言わず淡々と勝負に挑む金光一派、たいへん立派な態度だと思いましたよ。

※1　**カエルカフェ**
一九九五年設立、サンプリングCD販売や音響製作、秋原北胤主導の映画製作、配給などを行う。現在、秋原監督作品は三十作品以上にのぼる。低予算での地方ロケ、文学作品原案の作品が多く、知名度のある俳優を必ずひとりはキャスティングする特徴がある。脚本、技術統括にクレジットされている落合雪絵は、かつてAVクイーンとして名を馳せた白石ひとみ。

キムタクが何を演じてもキムタクなのはいつものこと。しかし、いくらキムタクバラエティでもこれにはなあ

『The Legend and Butterfly』

監督＝大友啓史　脚本＝古沢良太　撮影＝芦澤明子　音楽＝佐藤直紀
出演＝木村拓哉、綾瀬はるか、宮沢氷魚、市川染五郎、和田正人、高橋努、浜田学、増田修一朗、斎藤工、北大路欣也、本田博太郎、尾美としのり、池内万作、橋本じゅん、音尾琢真、伊藤英明、中谷美紀

「キムタク&バタフライ」こと東映期待の超大作戦国恋愛浪漫。キムタクこと**木村拓哉**が織田信長、すっかり国民的女優となった**綾瀬はるか**がその正室である濃姫を演じる。キムタクが伝説の男『The Legend』、濃姫が本名「帰蝶」とされるのでButterflyというわけだ。濃姫は「まむし」と言われた斎藤道三、一介の油売りから一国の大名にまでなりあがった伝説を持つ戦国大名の娘であり、道三と織田信長の父信秀は隣国同士で再三戦っていた宿敵だっただけに、この二人の結婚は歴然とした政略結婚である。だが二人はたいそうむつまじい夫婦になったという……というくらいのお話は知っていたが、実のところ帰蝶については確実な記録はほとんど残っておらず、没年すらわからないのだという。まあ、そういうわけで自由に想像をふくらませたキムタクバタフライなのだが、問題はその「キムタク」のほうにあって、これ実は前後半で話のトーンが変わって、前半のコメディから後半ガラッと悲劇に転じる脚本なのである。で、キムタクが何を演じてもキムタクなのはいつものことで、前半のキムタクバラエティ（正月特番）の部分はまあ、テレビのバラエティと思ってみればこういうもので済むのだが、問題なのが後半部分である。キムタクの一面的なキムタク性

ではとても複雑な悲劇は演じられず、なんせキムタク、別れの場面で柱の陰に隠れて短刀の鞘を咥えて嗚咽をこらえてたりするんで、いやそれどんな演技だよ！　いろいろ腰を抜かす場面が登場し、さすがキムタクと思わざるを得ない出来なのであった。

一五四九年（天文一八年）。織田信長のもとに斎藤道三の娘帰蝶（綾瀬はるか）が輿入れすることになる。信長は「今様の恰好だから」とわざと帯のかわりに紐を巻く着崩しスタイルを選ぶなど、見栄っ張りで中身がない男。才色兼備の帰蝶は父（**北大路欣也**）から政略結婚を言い含められ、「わかる。わかるが言うな。思ったことを口にするなー」と口を封じられて仕方なくこの「うつけ」のもとに嫁いできた。案の定の恰好を見てさらに幻滅を深めた帰蝶、二人きりになったところで信長に「腰を揉め」と横柄に命じられて怒り爆発、得意の当て身で信長をぼこり、関節技で締め上げてヒイヒイ言わせる。表で聞いているお付きの面々は一戦おっぱじめたかと身を乗り出すが、聞こえるのはキムタクの呻き声ばかり。美濃から帰蝶に付き従ってきた各務野（**中谷美紀**）は「姫様はなかなかやりますから」とほくそ笑んでいるが、実際はキムタクは関節技くらってただけだった、というオチ。

せめて武芸でいいところを見せようと「山鳥を取ってきてやろう」と狩りに出かけるが、帰蝶が「ではわたしも」と参戦。弓の名手である帰蝶のほうがはるかに上手で、信長が射ち漏らしたキジを次々に仕留めてしまう。これではならじと焦った信長、CGまるだしの鹿を見つけてへっぴり腰で矢を射るが、足を滑らせて崖から滑りおちてしまう。かろうじて木の根っこにつかまって助けを求めるところにやってきたのが帰蝶。木につかまって精一杯手を伸ばし、ファイト一発！　で引っ張り上げる。崖の向こうに広がる海を見た帰蝶、「海の向こうの異国に行ってみたい」と夢を語る。「誰も自分の顔も名前も知らない場所へ行って、自由に生きてみたい」そんなことを中世の大名の娘が考えるのか、と突っ込みたくなるがそこはまあ自由な想像なのでしょうがない。その後、道三が斎藤義龍に謀反を起こされて殺されても「ちょっと様子を見る」とか言って帰蝶を失望させている信長、ほんとええとこなしでかっこだけの上面だけの男なのである。そしていよいよ一五六〇年（永禄三年）五月、運命の日がやってくる。今川義元が四万五千人の大軍勢を率いて尾張に侵攻してきたのだ。信長の運命は風前の灯で、軍議もはかどらずロクにやる気もない。そこで立つのが帰蝶である。気弱なキムタク信長のケツをひっぱたき、今川軍の動きを読んで天候も読み、桶狭間での急襲案を献策する。ただし自分が思いついたことは隠し、あくまでも信長が一人で思いついて決断し、「敦盛」を舞ってから打って出たという話にする（実際には綾瀬はるかが「敦盛」を舞っていたり）。戦国では、伝説と事実があるなら[※1]、伝説を事実にするのだ、というわけだ。The Legend 誕生の瞬間である。

で、つまり戦国時代という時代にあって、日陰者の立場に置かれざるを得なかった帰蝶が、信長を利用して自己実現をはかろうとしたという話なわけで、以後帰蝶は気弱な信長の尻を叩き、巧みに誘導して天下人への道を歩ませてゆく。問題はキムタク信長が「外面ばかりを気にしている馬鹿」にはなりきれないところである（だってキムタクだから）。かくして物語は悲劇へと転げ落ちてゆくことになる。

それでもまだここまではバラエティとして楽しむこともできたはずだった。一五七〇年（元亀元年）朝倉攻めに出た信長は、妹婿浅井長政の裏切りに逢い、絶体絶命の立場に追いこまれるがかろうじて生きのびる。ここから信長の性格が一変、魔王[※2]を名乗って比叡山焼き打ちをはじめ、老若男女皆殺しの残虐行為をおこない、恐怖による支配を志向する。帰蝶は苦悩の末、信長の元を離れることを決意して、キムタク信長が『西太后[※3]』ばりに柱の陰から短刀の柄を咥えて見つめている愁嘆場があり、二人のすれ違いを描いた壮大な悲劇になってゆくわけだが、そもそも帰蝶がなんでそんなに信長に惚れこんだのかさっぱりわからない。見栄っ張りの駄目な息子の尻を叩く母親的な愛情なのか、それともやっぱり顔なのか。なぜかはわからないけど、二人とも相手に惚れているんだけど意地っ張りなので口に出せず嫌われていると思いこんでいるという中学生的すれ違い恋愛（中世のいい大人が！）のまま離れてしまうのであった。いやいくらキムタクバラエティでもこれにはなあ。

病を得た帰蝶を安土城に引き取った信長、彼女がいると性格が一変、「もう戦争はやめだ」とか言い出したのに失望した魔人信長ラブの明智光秀（**宮沢氷魚**）が裏切りで本能寺を襲う。追い詰められ、もはやこれまでと腹を切ろうとした信長、ふと気づくと床の羽目板がはずれる。おや？　そこには抜け穴が！　地下道をくぐって本能寺を脱出した信長、そこにあった馬を駆って安土城へ向かうと帰蝶を連れ出し、そのまま港（堺？）へ向かい、南蛮船に乗りこみ日本脱出。幸せに微笑む綾瀬はるかを後ろから抱きかかえてキムタイタニック……！　っていくらなんでもそれは妄想だろと思ったらやっぱり信長くんの走馬灯で安堵したけれど、まあ事実より伝説を採るならキムタイタニックでもよかったかもしれない、と見終わって思いましたとさ。

※1　伝説と事実があるなら
ジョン・フォード監督『リバティ・バランスを射った男』では、無法者リバティ・バランスを決闘で倒した弁護士が「リバティ・バランスを射った男」として名を挙げ、上院議員にまで登りつめる。だが、実は本当にリバティ・バランスを撃ったのは彼ではなかったのである。その事実を知った新聞記者は「ここは西部だ。伝説と事実があるなら、伝説を事実にするのだ」と名文句を残す。

※2　魔王
信長が、仏教の神を名乗っていたことによる。釈迦が修行中に、誘惑を仕掛けたマーラは、釈迦が屈服しなかったので仏教

に帰依するようになった。これが第六天の魔王になったという。第六天魔王は、仏教における欲望の世界の王で、仏道の修行を妨げるもの。名乗りのきっかけは、武田信玄から「天台座主沙門信玄」と書かれた手紙が届き、それに対抗して第六天魔王と返信したことによるという。

※3 『西太后』
リー・ハンシャン監督／一九八四年。中国史上、苛烈で残虐非道を働いたとして悪名高い清帝国末期の女帝、西太后の真実を描いた中国映画。十億円をかけて製作された一大スペクタクルという触れ込みだったが、映画のあいだはもっぱら皇帝が愛妾とイチャつくのを柱の陰から袖を噛んで悔しがりながら見守るシーンばかり。

日本一気骨のある映画館が作った、監督のいない映画……⁉

『ハッピーバースデイ〜みんなみんな生まれてきてくれてありがとう』

撮影・編集＝林純也
出演＝藤井真理、遠山雄、渡邊将、平田ジャネット、丹野未結、永田七夕

製作：萩ツインシネマ[※1]！　コロナ禍の緊急事態宣言中でも営業を続けていた日本一気骨のある映画館こと山口県萩市の萩ツインシネマ。実際にはコロナじゃなくても普段からソーシャルディスタンスが保たれている映画館だとか、そもそも自粛期間中に営業していたことも誰も気づいていないで「映画が止まった日」とか言ってたとか、まあそんな地元に愛されるミニシアター萩ツインシネマの製作作品だというので、てっきり小京都・萩の魅力がたっぷり詰まったほっこり系観光映画なのだろうと思っていたら、あにはからんやなんの救いもない地獄のような投げっぱなしの映画であった。いや本当に、なんでこんなことに……と思いながら見たら、チラシにもパンフレットにも監督のクレジットがない！　なんとこれ、監督のいない映画なのか……⁉

萩に住む高校生マリ（**藤井真理**）はフィリピン人の母（**平田ジャネット**）を持つハーフ。マリの父とは早くに別れた母は、連れ子のいる男性と再婚するも、新しい夫も死に、現在は血のつながりのない兄・海（**渡邊将**）とマリとの三人暮らし。で、母は海の父との結婚の前か後かに二木（**遠山**

雄）という男と結婚していたのだが、酒乱だった彼は酒のせいで事件を起こして母と別れたのだという……という時点で早くもこの母親なんなんだ！　と思うわけですが、さらにひどいことに連日深酒をして、帰ってきたら寝るだけ。もちろん子供になどまったく無関心。建設業で働く海がマリに「おまえのまわりの大人はみんな自分勝手だから」と言うのだが、本当にひどい大人ばかりで、一人真面目にマリのことを心配している海が可哀想になってくる始末。

学校で進路希望を書くように求められたマリ、母親に相談しようとするが例によって無関心な母からは「女優にでもなればぁ（笑）」ととりあってもらえない。仕方なく「役者」とだけ書いて提出するが、教師の夕（**丹野未結**）から「応援してるから、がんばればぁ。でも学校行ったほうがいいと思うけどね」とまったくどうでもよさそうな激励をもらうだけ。

二木は毎朝、足の不自由な男堅悟（**田口真太朗**）の家を訪れ、ゴミを片付けるなどして甲斐甲斐しく世話をしている。男のほうは「そんなことをしなくていいんですよ。うちはゴミが売りだから」などと厭味ったらしくネチネチといじめている。こいつがどうやら二木が酔っ払って暴行を加えた相手らしい。二木はいつかまたマリと暮らしたいと願い、ゲストハウス「暁屋」を経営しているのだが、たびたびマリと会っているところを目撃されたせいで、学校でマリが「援交している」と噂が立てられてしまう。そうなってもまわりに説明するでもなくただ「最低だよ」と吐き捨てて孤立を選ぶマリである。ついには二木と会っていることを海に咎められ、ぷいと家を飛びだしてゲストハウスに行ってしまうのだった。

そこまで来てはじめて、マリがオーディションに応募しようとしていたことを知った海と（実は海と元同級生で幼なじみだったと判明する）教師の夕も、本気でマリの夢を応援しようとしはじめるんだが、見ているあいだ、ずっとこの引きこもりがちで人とコミュニケーションをとりたがらないマリの性格、いちばん役者に向いてないんじゃないかと思われてしょうがなかった。そんな性格なもんだから、海が不慣れなインターネット検索まで試みて、ゲストハウスに不法侵入までして会いにきたのに「母に認めてもらわないと意味ない」と台無しなことを言って追い返してしまうのだ。

マリ、十七歳の誕生日の日がやってきた。マリから「誕生日には映画を見に行きたい」と言われていそいそと萩ツインシネマでチケットを購入していた海は一人映画館に出かけるが、二木と二人ルンルンで映画を見に来ているマリの姿を見て深く落ちこむ。その夜、「暁屋」で盛大にマリの誕生パーティが催される。そこにあらわれたのが堅悟である。一升瓶を下げてきた堅悟。「いいじゃないですか一杯ぐらい。もう十分反省したんでしょ。ここで飲んでくれなきゃ許しませんよ……とは言いませんけどね」などと執拗かつ狡猾に酒を飲まそうとする。実は二人は元漁師で先輩後輩の間柄だったが、酒を飲んで暴れた二木のせいで足が不自由になった堅悟は船を降り、二木も責任を取って漁師をやめたということらしい。最初は断っていた堅悟だったが、眼の前で美味しそうに飲んでみせる堅悟につられてつい一杯……あーあ、スリップしてしまった。一杯が二杯、二杯が三杯……たちまちアル中に戻ってしまった二木、マリにまで絡みそうになり、周囲に押し留められる始末。してやったりの堅悟……。

翌日、素面にもどった二木は、マリに海の元へ帰るようにうながす。それで海とマリもなんとなく仲直りとなるんだが、母親との関係は相変わらずだし（母はマリの誕生日にリカちゃん人形を買ってきて――だが彼女が家出していることには気づきもせずそのまま寝てしまって――その人形を海が「お母さんから」と言ってマリに渡したので、なんとなく母は自分のことを愛してくれているんだと思いこんでいる）、二木はスリップしてまた一から禁酒やりなおしだし、何ひとつ幸せになれそうな未来が見えない！　早いとこ親たちのことは忘れて、海といい感じになっている担任教師に育ててもらうほうがいいんじゃないか？　なお、パンフレットには脚本を読んで「シナリオを破壊し、結果現場を混乱に陥れ、ある女優さんが演じる役を骨抜きにしてしまった」という「応援団」の人のコメントが載っているのだが、監督不在の理由はそういう……てかその「応援団」って何者なの？　実はそこらへんが地方映画館の最大の闇だったりして。

※1　**萩ツインシネマ**
山口県萩市にある2スクリーン、収容人数一五五人のミニシアター。前身は、一九八〇年に開館した喜楽館。一九九六年に萩ツインシネマと名前をあらためた。開館から数度の閉館を経て現在は、二〇〇四年に発足したNPO法人萩コミュニティシネマが映画館を運営している。二〇二四年現在、山口県で唯一のミニシアターでもあり、四代目支配人柴田寿美子氏が采配を振るっている。なお、萩ツインシネマ製作映画第二弾『さよなら萩ツインシネマ』も完成し、一般公開された。

昨今のサウナブームで、でっちあげたらしき思いつきだけの適当な話。
しかしサウナは特に出てきません！

『湯道』

監督＝鈴木雅之　脚本・企画＝小山薫堂　撮影＝江原祥二　音楽＝佐藤直紀
出演＝生田斗真、濱田岳、橋本環奈、小日向文世、天童よしみ、クリス・ハート、戸田恵子、寺島進、厚切りジェイソン、笹野高史、吉行和子、ウエンツ瑛士、藤田朋子、吉田鋼太郎、窪田正孝、夏木マリ、角野卓造、柄本明

「古くから日本人は自然を敬いながら生きてきた……」ってこんな映画で「日本スゴイ」ですか！

企画・脚本小山薫堂という時点で胡散臭さしかない本作。「笑って、泣いて、整って」ってコピーがついてるくらいで、昨今のサウナブームを見た小山薫堂[※1]がフジテレビに話を持ちこんで、でっちあげたらしき「湯道」である。まあこれほどとっちらかった話もないというくらい思いつきだけの適当な話で、

(1)「湯道」は単なるギャグでしかない（普通「入浴道」とか言われたら風呂入りたくならないよね！）
(2)湯の質にこだわる温泉グルメの「温泉評論家」が登場する
(3)だがメインの舞台は銭湯で、「風呂で人を幸せにする」がテーマ
(4)サウナは特に出てきません！

なんだこれ！　この話だったら普通「心安らかで幸せな入浴を妨げるもの」、つまり入浴を「道」として追求する日本人の心とか、「源泉かけ流し」以外は認めない心の狭い温泉評論家とかが敵に

なるはずだと思うのだが、「湯道」が日本人の心だとか言ってしまったせいで、どこにも葛藤もなければ物語のポイントもない、ダラダラしてるだけの話になってしまった。毎度おなじみ作りたいと思う主体がどこにもいない、誰一人責任を取らない産業映画という奴だ。当然ながらヒロインは**橋本環奈**である。

新進気鋭の建築家、三浦史朗（**生田斗真**）は新作コンペでしくじり、事務所もたたんで故郷に帰ってくる。実家である銭湯に帰ってみると、自分の部屋は住み込みのアルバイトいづみ（橋本環奈）に占領され、弟悟朗（**濱田岳**）は「なんか用なの？」と冷たい。二ヶ月前に父親が死んだというのに、史朗は仕事を口実に葬式にも帰ってこなかったので、銭湯を継いだ弟は冷ややかな目を向けている……って当たり前だよ！　実は仕事のほうがうまくいってない史朗、実家の銭湯をデベロッパーに叩き売ってマンションを建てようと皮算用をして帰ってきたのだが、そのことは史朗には隠している。その程度のチンケな開発計画がとっておきの切り札って、さっさと建築家とか諦めたほうがいいんじゃないですか……てかこの主人公がクソ野郎すぎて、なにひとつ共感できるポイントがないわけですが。

史朗からは「未来がない時代遅れの商売」と見下されている銭湯、「丸金温泉」だが、地元の人々からは愛されている。以下、銭湯に集う人々がスケッチ風に描かれる。商店街の蕎麦屋夫婦（**寺島進**、**戸田恵子**）は、出る時間を知らせるために風呂桶でタイル床を叩いて合図を交わす。老夫婦（**笹野高史**、**吉行和子**）はいつも二人で風呂上がりの牛乳を飲んで帰っていく。入浴が人生最大の楽しみという郵便局員（**小日向文世**）は、「湯道」の道場に通い、師範代をめざして修行している。さらには一番風呂に入ってカラオケ代わりに熱唱する歌手（**天童よしみ**）や刑務所の中で、出所して銭湯に入る日を待ちわびる受刑者（**クリス・ハート**）らが……彼らはそれぞれに人生の小さな転機を迎えたり迎えなかったりする。その入浴を地味に支えているのが毎日廃材を持ってきて、窯焚きをやって風呂に入って帰っていく謎のホームレス風呂仙人（**柄本明**）なのだった。

一方、郵便局員も通う道場「湯道」では、凛と張った雰囲気の中で「正しい入浴の作法」が教えられるのだが……ここパロディのつもりなんだろうがまったく何ひとつ面白くなくて、小山薫堂とフジテレビの考える笑いのつまらなさを教えてくれる以外の意味はなにひとつない……もうひとつ銭湯と無関係なのが「源泉かけ流し至上主義者」を名乗る温泉評論家太田（**吉田鋼太郎**）。循環式の温泉は認めない太田は、「銭湯は昭和の遺物」と見下しており、「銭湯ごときが温泉を名乗るな！」と叱りにくる。いや「昭和の遺物」ってあんたの愛する温泉はどうなのよ、と誰もが思うところだが、そもそもこの人銭湯になんか全然興味ないわけでしょ？　ここに来る意味なくない？　というか話にからませたいなら、そんな変な価値観に凝り固まった人が銭湯に入ってその良さに目覚める、みたいなベタな展開しかないと思うのだが、こいつ結局最後まで風呂に入らないんだよ！　じゃあなんのために出てきたんだ!?　まこと小山薫堂の考えることはよくわからず……。

結局「湯道」も「源泉かけ流し主義」も軽いギャグのために登場するだけで、本質をつきつめないのでどこにも対立がない。あるのは唯一クズ建築家と愚直な弟のぶつかりあいだけ。兄の建て替えの思惑を知った弟は憤激して二人は喧嘩になるが、窯焚き仕事を放置して取っ組み合いしていたせいでボイラー事故につながり、弟は入院してしまう。彼のかわりに史朗はいづみと二人で銭湯をまわすが、徐々に銭湯業への理解が深まっていく。一方弟のほうは入院中に頭を冷やして、銭湯を続けたいというのは自分のエゴかもしれないと考えるようになる。そして退院すると、兄に再開発を受け入れると告げる。なんとなくすっきりしないがいまさら止めるとも言いだせない史朗だったが、廃業を聞いた「温泉で救われた」過去を持ついづみはショックで飛びだしてしまう。彼女抜きでは銭湯が回らないと気づいた二人、郵便局員から、「湯道」の師範がかつて入った「過去最高の風呂」に彼女がいたく興味を持っていたと聞き……。

入浴にまつわるあれこれを五月雨式に放り投げるだけでいっさいまとめることはしない脚本のせいで、人それぞれに好きな入浴があっていいよね、みたいな適当なまとめでお茶を濁さざるを得なくなってしまうのである。結局のところ銭湯にこだわっているのはいづみただ一人で、史朗は本業の調子がよくなりそうになったらさっさと東京に帰ってしまうし、郵便局員は自宅の風呂を檜風呂に改装してご満悦なのであれば、丸金温泉が存続しようがしまいがどうでもいいのではと言わざるを得ない。史朗もせめて温泉を改装してサウナを新設するくらいのことは考えてもよかったんじゃないですかね。

※1　**小山薫堂**
一九六四年熊本県天草市生まれ。放送作家。京都芸術大学副学長。飲食店の経営などにも携わり、多方面で活躍中。代表作に映画『おくりびと』（脚本）、テレビ『カノッサの屈辱』『料理の鉄人』など多数。小山本人が、大の風呂好きで、二〇一五年に「湯道」を提唱し、家元となって、日本の入浴文化の素晴らしさを広めようと活動。二〇二〇年には「一般社団法人湯道文化振興会」を創設し、理事を務めている。

「日本が良くなると信じてWinnyを作りました」と言わせてしまうこの映画に、匿名で流通するあらゆるダークなものを抱え込む覚悟があるとは思えないのである

『Winny』

監督＝松本優作　脚本＝松本優作、岸建太朗　撮影＝岸建太朗　音楽＝Teje、田井千里
出演＝東出昌大、三浦貴大、皆川猿時、和田正人、渡辺いっけい、吉田羊、吹越満、吉岡秀隆

映画がはじまると照明を消して、ペットボトルが並ぶ薄暗い部屋。コンピュータのスクリーンからの照り返しでふわっと浮き上がる東出昌大の顔。チョコレートを頬張りながらキーボードを高速タイピングする……このハッカー描写だけはいつまでたっても変わらない。この映画はWinnyを作った47氏こと金子勇[※1]の天才性と先見性を訴えるのだが、そういう映画であっても「天才ハッカー」を表現するとなるとこういう描写になってしまうのか、と思うとちょっと絶望的な気分になる。まあ「わかりやすく」「敢えて」やったつもりなのかもしれないけれど、そう考えてしまうこと自体がもう敗北していると言わざるを得ない。

さて、金子氏によって二〇〇二年から開発がはじまったWinnyは、ファイル共有ソフトWinMX[※2]の後継として、匿名性を強化するかたちで実装された。Winnyは大いに流行するが、二〇〇三年十一月に京都府警が愛媛県と群馬県の若者をWinnyを通じた著作権法違反で逮捕。翌年五月には開発者・金子氏が著作権法違反幇助の疑いで逮捕される。裁判では、ソフトを開発したことが幇助にあたるかどうかで議論がくりひろげられ、一審の京都地裁では罰金刑、だが高裁では無罪判決が

出される。裁判は二〇一一年、最高裁で金子氏の無罪が確定するまで続いた。

さて、映画ではものすごく漫画的に誇張された京都府警のガサ入れ（著作権法違法犯が窓から飛び出して逃げようとするのだが、土足で飛び込んだ警官に取り押さえられる……麻薬密売犯とかじゃないいんだからね！）のあと、参考人として呼ばれた金子勇（**東出昌大**）が警官に言われるがままに誓約書を書き、それも証拠として逮捕されるという展開は、堂々と嘘をつく警察の嫌らしさと金子氏のナイーブすぎる反応がたっぷり描かれる。警察はなぜ金子勇を逮捕したのか？　そこにはWinnyを通じて広がった暴露ウイルス[※3]（キンタマウイルス）にひっかかって捜査情報を流出させてしまった警察側の意趣返しという面があったのではないか、と映画は示唆する。さらにちょうどそのころ、愛媛県警の巡査部長仙波敏郎（**吉岡秀隆**）が、警察内部の裏金作りを告発する。そしてその告発を裏付ける資料もまた、暴露ウイルスで流出してしまうのだった。

さて、映画の中でもっとも気になるのは、金子勇氏が本当に著作権侵害を意図していたのか、という点である。

金子氏が子供のように素朴だったのは事実だろう。だが、彼が純粋に技術面の実験にしか興味がなかったというのもまた牽強附会と言うべきだ。Winnyの慎重な匿名化や、ネット上での著作権のありかたを変えるという発言からも、金子氏がいわば子供のように素直に著作権を踏みにじろうとしたのは明白なのではないか（もちろん、そのことと、彼が裁かれるべきだったかどうかは別の話ではある）。なお、映画の中では「むしろ著作者の権利を守るために（Winnyを）開発したんです」とまで言うのだが、これはいくらなんでも。

映画はもっぱら「もし開発者が逮捕されるようなことがあったら弁護する」と言ったがために弁護団に加わることになった壇俊光弁護士（**三浦貴大**）を中心に戦う弁護団が、まったく空気を読まずに自作ソフトウェアの話ばかりをしたがる子供のようなオタク金子勇をなだめすかしながら弁護に挑む裁判劇となる（**阿曽山大噴火**[※4]が裁判傍聴しているのは笑いどころか）。金子は「プログラミング以外の言語で喋ることを知らない」「Winnyは私の表現なんです」と語る。Winnyは思想であり、自己表現でもあった。ならば、Winnyの思想が十全に実現された世界とはなんだったのだろうか。それはWinny空間においてすべての情報が交換される、テッド・ネルソン[※5]が夢見た巨大なザナドゥ空間の実現だったのではあるまいか。そこがユートピアなのかディストピアなのかは見る人の目によるだろうが、それは綺麗ごとではない真のアナーキズムであったはずだ。

弁護チームにはベテランの秋田真志弁護士（**吹越満**）も加わり、「反対尋問は恋愛と同じだ」と独自の論理で捜査の中心人物北村文哉（**渡辺いっけい**）を罠にかけて有利な証言を引き出してみせる。そしてプログラミングでしか語れない金子勇のために、法廷で即興プログラミングを見せるというパフォーマンスまでしてみせる。だが結果、京都地裁では有罪となり……。

最終的に最高裁で金子勇の無罪が確定するのだが、それまでの八年間、天才・金子勇のプログラミング活動には大いに制限が課せられ、それは出る杭が打たれる日本社会の象徴でもあるのだと映画は主張する。だが、Winnyがどんなに贔屓目で見ても限りなく黒に近いソフトウェアで、そこには匿名で流通するあらゆるダークなものを抱えこんでいたことも否めない事実だ。Winnyが思想だと言うなら、暴露ウイルスによるプライバシーの暴露までもがそこには含まれるのだが、そのことは分かっていたのか。少なくとも金子に「日本が良くなると信じてWinnyを作りました」と言わせてしまうこの映画に、その覚悟があるとは思えないのである。

※1　金子勇

一九七〇〜二〇一三年。プログラマー。日本原子力研究所、東京大学の研究機関に務めていた。二〇〇二年五月、開発していたファイル共有ソフト「Winny」を2ちゃんねるで公開した。その後の経過は本文のとおりである。裁判で無罪が確定したのち、東京大学の研究所に再就職し、開発と後続の育成に邁進していたが、二〇一三年心筋梗塞で死去した。

※2　WinMX

二〇〇一年に発表されたファイル交換ソフト。Peer to Peer ネットワークにより、個人同士のチャット、ファイル交換が可能なことから爆発的に流行った。だが、実際のファイル交換により逮捕者が出たことなどもあり、より秘匿性を高めるかたちでWinnyが開発された（MXを一字ずつすすめたものがnyとなる）経緯がある。二〇〇五年に米国最高裁で出された判決に基づく警告書が送られ、WinMXネットワークは閉鎖された。

※3　暴露ウイルス（キンタマウイルス）

Winnyなどのファイル共有ソフトで広がったトロイの木馬型ウィルス。感染するとMicrosoft Windowsのデスクトップやマイドキュメント内のファイルをWinnyの共有フォルダ内にコピーし、勝手に共有してしまう。きわめて個人的なファイルや画像、警察や自衛隊の機密情報も含む仕事上の重要機密などが流出し、数々の悲劇を生んだ。二〇〇三年に発見される。

※4　阿曽山大噴火

一九七四年生まれ。芸人。一九九九年、オウム真理教裁判をきっかけに、裁判傍聴に目覚め、週五日は通うという。現在は裁判ウォッチャーとして、傍聴をネタに漫談をしたり、TVやラジオ出演、執筆など多方面で活躍中。著作に、『裁判狂事件簿　驚異の法廷★傍聴記』（河出文庫）、『被告人、もう一歩前へ。』（ゴマブックス）など。

※5　テッド・ネルソン

一九三七年アメリカ、イリノイ州生まれ。コンピュータ科学者。ハイパーテキストという概念を生みだした。一九六〇年、ハイパーテキストをもとにしたシステム、ザナドゥ計画を立ち上げたが、長期にわたるプロジェクトとなり、五十四年を経て、ソフトウェア「OPENXanado」がリリースされた。ハイパーテキスト双方向にリンクがつながるという利点があり、現在でも紙にかわる代替品として流通する可能性があるという。なお、ネルソンは、金子勇こそがビットコインの創始者サトシ・ナカモトだと主張している。

ひたすら「ごめんなさいごめんなさいごめんなさい」と謝りつづける二時間。しかも「わたしの幸せな結婚」なんてどこにもない!

『わたしの幸せな結婚』

監督=塚原あゆ子　原作=顎木あくみ　脚本=菅野友恵　撮影=江原祥二　音楽=立山秋航　主題歌=Snow Man
出演=目黒蓮、今田美桜、渡邊圭祐、大西流星、前田旺志郎、髙石あかり、松島庄汰、高橋大翔、浜田学、山本未來、山口紗弥加、平山祐介、高橋努、尾上右近、土屋太鳳、火野正平、石橋蓮司

それは大正時代をイメージさせる架空の世界。架空の国の「帝都」には超能力を使う「異能者」たちがいた。「異能者」を生みだす家のものは、その血を濃くするために異能者同士の政略結婚をくりかえしている。そんな中、風使いの斎森家の娘美世（**今田美桜**）は異能力を持たない無能者だからと継母から酷いイジメを受けており、ついには冷酷非情で妻とは三日も続かないと言われている名門久堂家の跡取りであるエリート軍人久堂清霞（**目黒蓮**）の嫁にと体よく片付けられてしまうのであった……大正時代の超能力者バトルってつまり『帝都物語』[※1]＋『おしん』[※2]の嫁いびり大戦ってことか！　とか言ってたら嫁いびりどころか婚家には善人しかおらず下にも置かぬもてなしぶり。にもかかわらず、彼女は実家で継母と異母妹から執拗なイジメを受けたせいでつねに腰を曲げて「すいませんすいませんすいません」と謝りながらあとずさりするエビ人間となってしまっていたのである。そんな卑屈の女王様がひたすら「ごめんなさいごめんなさいごめんなさい」と謝りつづける二時間。じゃあ異能者対決は？　とおもったら、これが聞いてびっくりまったく無意味な内ゲバなのである。しかも驚いたことに映画の最後までヒロインと相手役は結婚しないで婚約者のままなの

だ。「わたしの幸せな結婚[※3]」なんてどこにもない！　なんなのこの映画……。

美世は母澄美（**土屋太鳳**）を二歳のときになくし、後妻となった継母（**山口紗弥加**）と異母妹香耶（**髙石あかり**）から日々お茶をぶっかけられるなどの折檻を受けまくっている。異能力を持たない女になど価値はない冷たい社会なのである。面倒だから片付けよう！　というわけで冷血漢久堂への嫁入りを勝手に決められた美世、着の身着のままで放りだされる。トボトボと久堂家まで足を運ぶと、「俺が出て行けと言ったら出て行け、死ねと言ったら死ね」と言いはなつ冷血漢久堂清霞の前に土下座で「わかりました。すいません」をくりかえす。あまりに「すいません」ばかり言ってるので久堂が気がとがめて「いつまで頭さげてるつもりだ」「申し訳ありません」。

翌日、（使用人扱いに慣れているので）早起きして朝ごはんの用意をするが、主人が箸をつけるまでは食べてはいけないという言いつけを守ってただ見守っていたために「毒でも盛ったのか。こんなもんが食えるか！」と怒られてまた「すいません……」。

だが久堂は母親代わりの女中ゆり江（**山本未來**）に諭されて「……済まなかった。うまいぞ……」と翌日には早くもデレてしまうのであった。

これ、久堂はちょっとぶっきらぼうではあるものの、イケメンだし部下思いで部下からも慕われているし、いったいなんで冷酷非情の評判が立っているのかさっぱりわからない。香耶など「追い出されるか殺されるかどっちかしら」と楽しみにしてるんだが、別にそんな悪人じゃないし。斎森家のほうも、有力な久堂家との結びつきを作りたかったのなら、なんであんな捨てるように押しつけたりするのか。あるいは久堂にはサディストの評判があるので、「ごめんなさい」しか言わない謝罪自動人形を送りこめば、いいイジメ相手を献上してくれたと好意を抱くはずだとでも考えたのか。だが実際には久堂はあっという間にデレてしまい、逆に斎森家の事情を訝しむようになる。美世が風呂を入れようとすると、「おまえには無理だ」と火を出す異能を使って風呂を熱くしてくれる（ちなみに異能を発揮すると頬にベンゼン環のような模様が浮かび上がる仕組み）。

久堂は陸軍の対異特殊部隊の隊長をつとめ、帝都の護り手として次期「帝」である堯人（**大西流星**）からの信頼も厚い。今、異能部隊が取り組んでいるのはオクツキ（成仏できなかった異能者の霊魂を集めた場所）流出事件。封印が何者かに破られ、そこから怨霊が漏れ出したのだった。未来を見る力を持つ「帝」（**石橋蓮司**）はこの国に君臨しているが、死期が迫っている。これなぜか「みかど」ではなく「てい」と読む。誰へのどういう配慮なのかわからないが、天皇ではない「帝」とそれを取り巻く貴族階級の人間関係だけで進む話、鼻持ちならないことこのうえないのだが、そういう指摘が求められている映画ではない。美世、弁当を作って部隊に届けて部下たちのハートもゲット、「（朴念仁の）隊長をよろしくおねがいします！」とたちまち大人気になっている。

二人でイチャイチャデートに出かけ、我が世の春を謳歌している美世だったが、街に出かけたときに異母妹に出くわしてイジメられると「（無能者である自分は）旦那様にふさわしくない」とまたしてもネガティヴ思考に。そしてたまたま見かけた久堂のイケメンぶりを気に入った異母妹、ついに美世を誘拐して拷問にかけ、「婚約を破棄しろ」と迫るのだ。その知らせを聞いて怒り狂った久堂、単身斎森家に乗りこむと、火の異能で家を焼き尽くして美世を救いだす。いや普通そうなるだろというか、久堂は美世のこと気に入ってるんだから、無理やり拷問にかけてどうなるわけでもないと思うのだが、久堂に問い詰められた異母妹が「わたしは（無能者である美世が久堂と結婚するという）間違いを正そうとしただけなんです！」と一点の曇もない目で断言するところだけは真の狂った世界観の表明としてちょっとおもしろかった。

助け出された美世ではあるが、今度は夜な夜な悪夢に悩まされるようになる。そこに近づいてきたのが思惑有りげなイケメン鶴木新（**渡邊圭祐**）。鶴木は美世の従兄弟だと言い、その悪夢は美世がついに親譲りの異能を発揮しだした証拠なのだと告げる。美世の母はもともと精神を操る強烈な異能を持つ薄刃家の出であり、美世にもその血が受け継がれていたのだ。強力すぎるゆえに存在を隠していた薄刃家の異能は、薄刃家の人間にしか扱うことはできない。だから美世は久堂の家を出て薄刃家で療養すべきだ、と主張されると久堂は逆らえず、美世を鶴木に渡してしまうのだった。絶望する美世。だがそのころ異能部隊はオクツキから脱出した怨霊にとりつかれ、仲間同士で戦いはじめていたのだった。はたして帝都の護りは……。

まあそんなの最後は美世が自分の身も顧みず久堂を助けに行くに決まってるわけですが、驚いたのはその真相である。実はこのすべての黒幕は「帝」！　久堂と薄刃家という強力な異能者同士が結びついたら次帝堯人の地位さえ脅かされるかもしれない。その憂いを断つために、オクツキ流出事件を奇貨として久堂を滅ぼしてしまおうとしたというのである。そんな酷い話ある？　久堂と斎森家の軋轢といい、ひたすら内ゲバばかりで、ひょっとして「異能者」こそが帝都の問題を引き起こしているのではなかろうか。なお、映画の最後にやっと久堂は美世にプロポーズしてましたが、じゃあそこまでの同居生活はなんだったのか。というか「わたしの幸せな結婚」はいったいどこに？

※**1**　**『帝都物語』**
監督／実相寺昭雄／一九八八年。荒俣宏原作の伝奇ロマンの映画化。帝都東京破壊を狙う魔人加藤保憲と、それを防ごうとする文豪幸田露伴、科学者寺田寅彦らの戦いを描く。異貌で加藤保憲を演じた嶋田久作にとっては生涯の当たり役となった。

※**2**　**『おしん』**
一九八三年（昭和五八年）から一九八四年（昭和五九年）にかけて放送されていたＮＨＫ連続テレビ小説第三十一作。空前の視聴率を記録した橋田壽賀子のオリジナル作品。明治・大正・昭和の時代を、様々な苦難にあいながらも耐えて必死に生きた芯の強い女性おしんを描く。おしんが何をされても耐えて耐え続ける姿が大ヒット。流行は財界にも及び、当時の稲山

経団連会長が「これからの時代はおしんのような、我慢の哲学が必要だ」と発言している。また世界各国でも放映され、とりわけイランでは大人気だったという。

※3　「わたしの幸せな結婚」

映画と同名の原作は顎木あくみによるライトノベル。もとは「小説家になろう」に投稿された小説で、ウェブ小説で流行っていた「虐げられる姉と可愛がられる妹」というモチーフを用いたとのこと。二〇一九年から富士見L文庫（KADOKAWA）で書籍化。略称は「わた婚」。電子書籍・コミック含むシリーズ累計部数は八〇〇万部超えの大ヒット作品。

「おまえらに真のセカイ系を見せてやる!」というタマシイの叫びが聞こえてくる
紀里谷和明監督の絶唱作にして、監督引退作

『世界の終わりから』

監督・原作・脚本＝紀里谷和明　撮影＝神戸千木　音楽＝八木信基
出演＝伊東蒼、毎熊克哉、朝比奈彩、増田光桜、岩井俊二、市川由衣、又吉直樹、冨永愛、高橋克典、北村一輝、夏木マリ、阿見201、柴崎楓雅

「世界の車窓から」ではなくて「世界の終わりから」! キリキリこと紀里谷和明監督[※1]のついにやってきた監督引退作、いや、『シン・仮面ライダー』[※2]に対して『CASSHERN／キャシャーン』[※3]を引き合いに出す評を見て、「……なに言ってるんだ?」などと思っていたが、ぼくが間違っていた。「まがいもんのセカイ系っぽさで満足してるんじゃねえ! おまえらに真のセカイ系を見せてやる!」というタマシイの叫びが聞こえてくるキリキリの絶唱作。うん、これならキリキリが『シン・仮面ライダー』を監督したほうがよかったかもしれぬ。キリキリ、おまえこそが真のショッカー（愛の秘密結社）、おまえがナンバーワンだ……。

映画がはじまると宇宙。そして地球。モノクロ画面で描かれるのは謎のサムライ軍団に村を焼き討ちにされ、両親を殺された少女（村は日本の農家なのだが、少女の衣装は中央アジア風だったりする謎風味）。それは夢であった。その夢を見ているのが女子高生志門ハナ（**伊東蒼**）である。両親を交通事故で亡くしたハナ、今度は祖母も亡くなって天涯孤独の身である。高校を出たら専門学校に通ってメイクアップアーティストになるのが夢で、アルバイトをしながら学費を稼いでいたの

だが、その夢ももう諦めねばならない。しかも学校では同級生たちにイジメられて夢も希望もない。そんな彼女の元をいきなり訪れるのが警視庁警備局を名乗る男江崎（**毎熊克哉**）と佐伯（**朝比奈彩**）。「なんなら施設に入ってもらってもいいんだよ」と脅迫してくる二人から「夢は見てないか？」といきなり詰問されるハナ。最初は知らないと言っているが、風呂に入っているといきなりモノクロ夢世界に連れて行かれる。

　血に飢えたサムライから追われたハナ、あわやのところを助けたのは中央アジア風ファッションの少女ユキ（**増田光桜**）だ。ハナは老婆（**夏木マリ**）が待ち受ける洞窟に案内される。老婆は洞窟の天井にびっしり描かれた謎の文字を示し、「あなたが来ることはこの予言でわかっていた」という。そしてユキを連れてある場所まで手紙を届けてくれ、と頼む。自分はこのままサムライたちに殺されるだろう。この完璧なマクガフィンとともに目覚めたハナだがその体には夢で受けた矢傷がついている。そしていつものように学校で先生や同級生からイジメられていると、江崎たちが乗り込んできて強引にハナを連れ出してしまう。そのまま連れて行かれた先は秘密基地で、そこには髪をボルチモア風に盛った[※4]老嬢（夏木マリ二役）が待っている。

「あなたのことはみんなわかっているのよ。夢を見たことがわかったから、あなたをここへ呼んだの」

　と言う老嬢、分厚い本を出してくる。その頁はすべて、夢の洞窟の天井に書かれていた謎の記号で埋まっているのだった！　その本の上をすらすらと指を滑らせ、次々にハナの過去を言い当てていく。すべての人に一冊、この本はあるのだという。つまりアカシックレコード[※5]か！　そんな具合にひょいと手を伸ばすだけで過去現在未来のすべてに届く老嬢、その能力を使って歴代総理の指南役として隠然たる権力をふるっている（ちなみに彼女のアドバイスを無視した結果として太平洋戦争が起きたという……）ところがそのアカシック本、未来のあるところから先は空白になっている。ハナの未来は二週間後までしか決まっていない……つまり、ハナは二週間後には死ぬことになる。それだけではない、誰のアカシックブックもみな二週間後までしか記録がない。つまり世界は二週間後、終わってしまうのだ！

だが、ハナただ一人はその未来を変えられるのだ、と老嬢は言う。ハナの見る夢にそのヒントがある。ハナから夢の詳細を聞いた老嬢は、

「明日17時41分、コード1067よ！」

と司令を出す。するとその翌日見事に日本を大地震が襲う。だが、政府からいち早く出ていた警報のおかげで、被害は最小限で済んだ。未来は変えられるのだ……！

以下、モノクロで描かれるハナとユキの逃避行と、その夢のせいで苦しむ女子高生ハナの日常とが交互に進んでいく。ハナは一貫して「なんでわたしなの？」と訊ねつづけるが、それは見ているこちらにも共通する疑問である。そして夢がどのように未来の解釈につながり、どうして変わるのかはさっぱりわからない。なんらかの理屈があるかどうかさえ不明だ。だが、もちろん、そんなことはどうでもいいことだ。肝心なのは彼女と世界がつながっており、彼女の運命＝世界の運命なのだということだ。そう、これこそセカイ系だ！

ハナたち輪廻師とサムライのボス（**北村一輝**）こと「無限」の戦いとか、もうひとつの夢で遠未来の滅びた地球を一人歩くソラ（**冨永愛**）とか、少女ハナが「みらいのハナへ」向けて録音したカセットテープ（！）とそれを聞くウォークマン少女（ヘッドフォン少女）とか、いろんなネタが盛りこまれているのだが、何一つ辻褄があっておらずそもそも合わせる気もないので、いちいち突っ込んでもしょうがない。すべては紀里谷の心の赴くままに綴られるセカイ系エッセイだからである。

実際に見ていただければ、必ずやその中にあなたの、あなただけの心の琴線に触れるディテールがあることだろう。ちなみにぼくが覚えておきたいと思ったのはハナの予言にしたがって政府が計画停電を決めたときの江崎のふるまいである。ハナを家まで送る車を途中で止め、カーステレオから選んだ音楽を流し、そこでハナを車からおろして橋に立ち、時間とともにセカイの明かりが消えてゆくのを二人で見守る。おまえ、劇的効果狙いすぎだっつーの！　紀里谷的世界では、種明かしまでもが紀里谷的に底抜けなのである。

二週間のタイムリミットが近づく中、ハナのどうしても守っておきたかった秘密（にしてイジメのネタ）が暴かれ、ハナの愛する人々が傷つき、権力闘争のコマになったハナの存在は世間に暴露され、そしてハナの出生をめぐる事情が明らかになる。ハナは傷つき、裏切られ、苦しむ。こんな世界で生きることに本当に意味があるのだろうか？　つまり、このセカイは救うに値するのだろうか？　みんな、みんな、死んでしまえばいいのに！

ハナは誰だ？　もちろん彼女は紀里谷である。ハナの苦しみとはなんだ？　それはもちろん映画が酷評されることである。紀里谷和明の心からのメッセージである彼の映画を、我々は酷評し嘲笑してきた。それは紀里谷和明に耐え難い傷を与え、ついに彼は映画を辞めることを決意する。つまり世界を滅ぼすことを。だからこれは紀里谷和明からの最後のおねがいなのだ。どうか自分の「思い」を大切にしてほしい。みなの「思い」がひとつになった「思いの海」で未来は変わる。あるいは紀里谷和明の世界が救われ、キリキリの新作映画が訪れる未来もあるのかもしれない。ぼくはわりと、そんな未来が来ることを祈っているのです。

※1　紀里谷和明監督
一九六八年熊本県生まれ。映画監督。父親は、熊本・宮崎でパチンコチェーン店を展開する岩下兄弟株式会社の代表岩下博明。十五歳で単身渡米、美術系高校であるケンブリッジ高校で学び、パーソンズ大学で建築を学ぶが二年で中退。世界を放浪する。その後、ニューヨークを拠点に写真家として活躍。二〇〇四年に映画『CASSHERN／キャシャーン』で監督デビュー。二〇〇二年には歌手の宇多田ヒカルと結婚したが、二〇〇七年に離婚した。ほかの映画作品に『GOEMON』(二〇〇八)、モーガン・フリーマン、クライブ・オーウェン出演のハリウッド映画『ラスト・ナイツ』(二〇一五)など。

※2　『シン・仮面ライダー』
庵野秀明監督／二〇二三年。仮面ライダー生誕五〇周年企画作品のひとつ。比類なき特撮オタク庵野による、『シン・ゴジラ』(庵野は総監督／二〇一六年)、『シン・ウルトラマン』(二〇二二)につづく特撮実写映画。一九七一年放送のテレビシリーズ『仮面ライダー』、石ノ森章太郎の原作漫画『仮面ライダー』をベースにし、現代を舞台にあらたな物語が描かれる。出演に、池松壮亮、浜辺美波、柄本佑、森山未來など。

※3　『CASSHERN／キャシャーン』
紀里谷和明監督／二〇〇四年。タツノコプロによるTVアニメ『新造人間キャシャーン』の実写映画化だが、タツノコ感がまったくないポスト・アポカリプスSFになってしまった。写真家である紀里谷のバックボーンが大いに発揮され、作り込んだCG背景の前で俳優たちが激情の台詞を吐く。キャシャーン役に伊勢谷友介、恋人ルナ役に麻生久美子、ブライキング・ボスに唐沢寿明と美男美女を集めたキャスティングも特筆すべき。主題歌は当時の妻である宇多田ヒカルが担当している。

※4　髪をボルチモア風に盛った
ボルチモア出身の映画監督ジョン・ウォーターズによると、「ボルチモアの女性は、平均するとアメリカのどの都市よりも身体比で髪が高い」という。ビーハイヴやエアリフトといったヘアスタイルが好まれ、髪を高く結った女性たちが闊歩している。ウォーターズはボルチモアを「世界のヘアスタイルの首都」にしたいと主張している。

※5　アカシックレコード
宇宙の原初から、ありとあらゆる森羅万象のできごと、人類の意識上にあるすべての思想や感情が記憶されている場があるという、神智学や人智学の概念。

わからない。何がわからないって犯人の狙いがなにひとつわからない。これほど難解な映画を見たのも久しぶりである

『映画ネメシス　黄金螺旋の謎』

監督＝入江悠　脚本＝秦建日子　撮影＝冨永健二　音楽＝横山克
出演＝広瀬すず、櫻井翔、勝地涼、中村蒼、富田望生、大島優子、上田竜也、奥平大兼、加藤諒、南野陽子、橋本環奈、真木よう子、魔裟斗、栄信、駒木根葵汰、笹野高史、佐藤浩市、江口洋介

わからない。これほど難解な映画を見たのも久しぶりである。わからなすぎる映画を見ると、つい「ゴダールより難解」とか言ってしまうのだが、これまたゴダールよりも難解映画。わからないのはテレビドラマの劇場版で元のドラマを見ていないので知らないキャラクターが知らないストーリーを演じているから？　その要素はもちろんあって、どうでもいいキャラクターがただ顔見世のためだけに次々に出てきてこちらを極度な混乱に落としこむ点では凡百の映画をはるかに押しのけて圧倒的なのだが、それすらも大した問題ではない。何がわからないって犯人の狙いがなにひとつわからない。底抜けミステリってのもよくあるけど、ここまで手間ひまかけて無意味なことをやってる犯人ってのもちょっといないのでは。誰がこんなもんでよかんべと思って映画作ったのか、本当に知りたいよ。

さて、「ポンコツ探偵事務所には天才の探偵助手がいた」というわけで、還暦の社長栗田（**江口洋介**）の下で働くポンコツ探偵風真（**櫻井翔**）とその天才助手アンナ（**広瀬すず**）は横浜の某所のビルの屋上のペントハウスに「ネメシス探偵社」を構えている。これ、ＴＶシリーズを見てないの

で人間関係がさっぱりわからないのだが、江口洋介はショーケンにとっての岸田今日子[※1]のような存在だったりするのだろうか？　ともかく天才天才言ってる広瀬すず、何が天才なのかさっぱりわからないのだが、なんか不思議なカンフー・ダンスを踊ると、写真記憶のようにその前後のことが鮮明に脳裏に浮かび上がるという特殊能力があるらしい。なぜそんなことができるのかというと、彼女は天才科学者だった父親が開発した革新的ゲノム編集を施されて生まれたゲノム編集ベビーだったからなのである。えー、そんな人体実験を、しかも今から二十年も前に！　劇中では「世界の水準から十年は進んでいる」とか言ってるんだけどそんなレベルじゃないだろ！　そんなノーベル賞級天才で生命倫理ゼロメートル地帯に住んでいる父は、その技術を狙う陰謀に巻き込まれて死亡、残された研究データはアンナがペンダントにしてこれみよがしにぶらさげているが、その秘密を狙って暗躍する者が……。

　気がつくと地下室で、アンナと栗田は向かい合わせに椅子に縛られている。人が変わったような風真は手に尖ったハサミを握り、アンナに「データをよこせ」と迫る。アンナが断ると、風真はハサミを栗田の喉元に突きたてる。あっ！　というところで目が覚めたアンナ。それはアンナの悪夢であった。なんであんな夢を見たのか……？　と頭を捻りながら出社すると、二人は「久しぶりに大きな依頼が入った！」と浮かれている。一人暮らしの老人（**笹野高史**）が、愛する犬を誘拐され、身代金を要求されたのだ。礼金一千万円と聞いて浮かれる二人である。盛り上がる二人をおいて、買い物に出かけたアンナに、謎の男（**佐藤浩市**）が親しげに声をかけてくる。「窓」と名乗った男はアンナに黒い名刺を手渡す。そこに記されているのは黄金螺旋（黄金比の長方形から正方形を切り取ると、残った長方形も黄金比長方形になるため、無限に切り出すことができる正方形の角の点をつなぐと螺旋状の曲線になる）の図だけ。どういう意味？　と問うたアンナに、「窓」は、

「それはもう時間がないという意味ですよ、あなたにも、あなたのご友人にも」と告げる。

え？　と顔をあげるとそのとき目の前で交通事故が起こって友人の警官が巻き込まれて死ぬ。と思いきやそれは夢だった。

アンナの周囲には死が相次ぐ。マジシャンの晶（**南野陽子**）からはじまり、次々に友人たちが横浜各地で刺し殺されていく。個人的には横浜に実在するミニシアター、ジャック＆ベティの階段から突き落とされて死ぬのには笑った。だが実はそれは夢だった……というくりかえし。だんだん見てるこっちもイライラしてきたところで再度あらわれた「窓」。

「はじめまして。現実で会うのははじめてですね」と話かけてくる「窓」、実は「超富裕層の代理人」であり、友人が死ぬ夢を見せることでアンナを屈服させ、研究データを奪おうとしたのである。

だがその瞬間、バイクの後ろに鉄パイプをふるう殺し屋を乗せたシカリオ風集団が登場し、アンナの目の前で「窓」は殴り殺されてしまう。えー！　と警察を呼んで戻ってくると死体はもうない。えー、これやっぱり夢なのかしら？　と何もわからなくなってきたところで、風真がアンナの家にやってきて、嘘みたいな偶然から、アンナの部屋の壁紙の裏に巨大機械が隠されていたことが判明する。呼ばれたＩＴ専門家が、

「うーんこれはブレイン・マシン・インターフェース、以前作ってくれと依頼されたけど一〇〇億かかると言ったら立ち消えになっちゃったんだよなあ。思うがままに夢を見させる機械だよ」

ノーベル賞級の発明など掃いて捨てるほど登場する映画なのでそれくらいは驚くことではないのだが、この仕掛けが施されたアパートにアンナが誘い込まれた経緯がすごい。探偵社が移転することになって、近所に下宿を探そうと思ったアンナ、近所の不動産屋の呼び込みに誘われ、敷金礼金

ナシ、フリーレント一年間と言われてそこに引っ越しを決めたという。劇中でもさすがに突っ込まれていたが、いくらなんでもそこまでアレな条件だったらもうちょっと警戒しろよー！　この間抜けのどこらへんが天才なのよ！　そんな中、今度はアンナのおばであるルポライター凪沙（**真木ようこ**）がシカリオ集団と交差して死亡する。今度ばかりは夢じゃない！　なんでこんなことに……。

まあそんな感じで夢なのか現実なのかよくわからない展開に翻弄されていくわけだが、次々に出てくる（はじめて見る）登場人物が死のうと死ぬまいとどっちでもいいわけで、観客にとってはさらに限りなくどっちでもいい。物語からものすごい勢いで疎外され、こちらも夢の世界に誘いこまれていくのであった。これが狙いなら入江悠もたいしたものだが、残念ながらそういうことではなかろうね。

さて、そういうわけで以下物語は続くのだが、面倒なので全部割愛してネタバレしてしまう。アンナの手にしているゲノム技術を狙っている犯罪者たちは「富裕層」と「貧困層」のふたつのグループがあって、それぞれが勝手にアンナを襲っていたのである。実にざっくりした分類だが、自分たちでそう名乗っているのだからしょうがない。「富裕層」は「窓」を代理人として使い、悪夢を見せるブレイン・マシンで友人が殺されるところを見せて恐怖感を植えつけようとしたのだ。なんてまだるっこしいうえに意味のない作戦なのか！　一方の「貧困層」はゲノム技術が「富裕層」に独占されると格差が永遠に固定化される、と主張する（なんでだ！）。まあ、そんな二組が勝手に競い合って物語を混乱させていたわけである。

アンナはそこで例の「ふしぎなおどり」[※2]を踊って謎を解明する。「富裕層」のマシンによって見せられた悪夢は、アンナの友人が横浜各地で殺されていくものだった。その死亡地点を地図にプロットすると、それは「窓」から渡された黄金螺旋図になるではないか！　その螺旋の中心こそが敵のアジトだ！　いやなんだってそんなまだるっこしい方法でわざわざアジトを教えてくれるのかさっぱりわからないんだけど、ともかくそこへ行くとそこは古着屋の跡地で、そこには地下に降りる階段があり、地下室はブレインマシン総動員の巨大ＶＲルームになっていて、なぜかそこで横浜各地の風景をバックにカンフー・バトルをくりひろげるという……悪いこと言わないから「富裕層」はなんでもできてしまうブレインマシンで金をせっせと稼いで、その金でゲノム研究やったほうがよろしいんじゃないかと思いましたよ。そしてまったく物語と関係なかった笹野高史の犬は映画にはまったく描かれないまま人知れず回収されていたのです。

※1　ショーケンにとっての岸田今日子
ＴＶシリーズ『傷だらけの天使』ではショーケンは「綾部情報社」の調査員として、毎回、社長の綾部貴子（岸田今日子）に顎で使われ、事情もわからぬまま死ぬような目にあうのであった。

※2　「ふしぎなおどり」
ゲーム『ドラゴンクエスト』シリーズにおける特技のひとつ。相手のＭＰ（マジックパワー）を吸い取る力があるので、これを使ってくる相手は、たとえ雑魚モンスターでも結構面倒な相手である。

ホラーでもスリラーでもないしサスペンスでもないゲーム映画でもない……これはいったいどういう罰ゲームなのかと思ううちに気が遠くなり映画は終わった

『占いゲーム』

監督・脚本・原作・製作総指揮＝寺西一浩　音楽＝のぐちとしかず　主題歌＝寺西優真
出演＝寺西優真、太田奈緒、北乃颯希、八木優希、久田莉子、日向野祥、あおい咲、小嶌宣希

とある館……というかごく普通の一軒家に、曰くありげな連中が集まってくる。ツナギ姿の受付の二人、板倉（**日向野祥**）と山本（**八木優希**）から名前と能力を聞かれ、それぞれに名前と占いの能力を告げていく占い師たち。家にとりついた悪霊を祓ってくれたら一億円という懸賞金に吊られて、館の主からの招待状に応じて集まってきた胡散臭い面々だが、「悪霊を祓うスマホアプリを開発してます！」とか「妖精の生まれ変わりです」とか「ベリーダンスで魔を祓います」とか素面では相手できないタワゴトばっかりの自称「占い師」に受付の二人も食傷気味である。だが監視カメラで見ている館の主アキラ（**寺西優真**）は満足げだ……そう、『東京〜ここは硝子の街〜』[※1]ほかで知られる国際派映画人（モナコ国際映画祭受賞監督）寺西一浩[※2]氏の新作はインチキ霊能力者と復讐鬼の対決を描くゲーム・サスペンス、と言いたいところなのだがその実体は……なんと言えばいいかわからないのだがまちがいなくホラーでもスリラーでもないしサスペンスでもない。ゲーム映画でもない。じゃあなんなのかというと……そこには何もない。まさに無。以下はその無に評者がどうつきあったかの記録である。

さて、九人の（嘘くさい）霊能力者が集まったところで板倉と山本から事情説明がある。「ではこれから呪いの説明をします……」と言ったところで音声が消えて、戻ってきたと思ったら「……というわけでこの屋敷は悪霊に呪われているのです」。そこ省略かよ！　斬新だな！　そこで別室のアキラがボタンを押すと、部屋の明かりが点滅し、地震でも起きたかのように揺れる。悪霊の仕業だ！　と盛り上がるインチキ霊媒たち。目を爛々と光らせ、ケタケタ笑いながらボタンを押しまくるアキラ。なんでそんなに楽しそうなんだ！　ほどなく弁護士金石（**太田奈緒**）が到着し、ただの暇人リョウ（**北乃颯希**）と三人揃ったところで事情が説明される。

九人の「占い師」たちはもちろんみな偽物で、彼らはアキラの父親を騙して全財産を奪いとった詐欺師たちだった。アキラは詐欺師たちを司直の手にゆだねるため、集めた詐欺師たちに騙す意志があったことを証言させようと考えたのである。そのために屋敷に取り憑いた悪霊の話をでっちあげたというのだが、そもそも詐欺師たちがこの餌に食いついてこなかったらどうするつもりだったのか。しかも詐欺師同士が一部つながりあっていて、カモを紹介したり融通しあったりしているというなら、そいつらを一同に集めた時点で詐欺師のほうも呼んだ側の思惑がわかってしまうのではないか。そして九人（うち八人は女性）の詐欺師に次々に騙されたという父親のほうも、ちょっと問題があるんじゃなかろうか。助平心などない真面目な人だったのに……とアキラは主張するんだが、それにしてはあまりに色仕掛けしかない詐欺師に引っかかり過ぎなのではないか。

映画の中では九人の詐欺師がきちんと順番に紹介されていく。律儀というかなんというか、このさして重要とも思えない詐欺師たちの名前と行状を、いちいち省略もせずにくりかえすのである。いや、悪霊事情を省略するならこっちをさ……で、今度は金石弁護士が、九人それぞれの詐欺師の本名と、アキラの父親に仕掛けた詐欺の内容を説明してゆく。九人分。で、そんなことをしてるあいだに詐欺師の側もアキラの思惑に気づき、監視カメラの死角で打ち合わせをし、案内係を手錠でとらえてナイフで脅し、アキラの思惑を聞き出そうとする。「困ったなあ」とか言ってる暢気なアキラだが、ここで用意していた切り札登場、それが「占いゲーム」だ！

「占いゲーム」というのはサイコロをふってコマを進めるすごろくのようなものなのだが、止まったコマの色に合わせてカードを引き、そのカードに命じられる罰ゲームをサイコロの振り手がこなすというもの。ちなみにこれは「儀式」で、すごろくを回りきると悪霊は祓われる、と説明された偽霊媒師たちは嬉々として参加する。いやしかしこの時点で詐欺師たちはこの悪霊云々が自分たちを集める口実にしか過ぎないことも、招待主がかつて自分たちがカモった男の息子であることも知っているのである。なんでこんなゲームにだらだらと付き合っているのかさっぱりわからない。そしてここでさらに律儀すぎる寺西演出が炸裂。

占い師がサイコロ振って、カード（手描き）を引くと、その絵に応じてアップになったアキラがカメラ目線でこの上もないドヤ顔で「青天霹靂！」「兼愛無私！」「阿鼻叫喚！」「群竜無首！」と四文字熟語を叫び、すると詐欺師たちはハリセンでどつかれるとか、くすぐられるとか、頭で板の試し割りをするとか、そういう舐めた罰ゲームをやらされる。これがゴールするまで九人分全員続く（プラス一回りしてさらに二周目も）のである。一応、そこで漏らした言葉から金石弁護士が刑事告発の証拠となる証言を拾うとかいう名目はあるのだが、ほぼ名前も知らないような俳優の罰ゲームを延々と見せられつづけて、これはいったいどういう罰ゲームなのかと思ううちに気が遠くなり映画は終わった。

※1 『東京～ここは硝子の街～』
『皆殺し映画通信　天下御免』一三〇頁参照

※2 寺西一浩
一九七九年生まれ。小説家、映画監督。慶應義塾大学卒。在学中に出版したエッセイ「ありがとう眞紀子さん」で作家デビュー。近年は占星術の本も出版している。歌手島倉千代子のプロデュース業やメンズファッションショー「東京ボーイズコレクション」などを手がけている。
いままでにとりあげた寺西作品は以下の通り。
『東京～ここは、硝子の街～』……右参照
『東京ミッドナイトベイビー』……『皆殺し映画通信　地獄旅』二一頁参照
『東京ボーイズコレクション～エピソード1～』……『皆殺し映画通信　骨までしゃぶれ』六三頁参照
『17歳のシンデレラ　東京ボーイズコレクション～エピソード2～』……『皆殺し映画通信　御意見無用』一三〇頁参照
『TOKYO24』……『皆殺し映画通信　御意見無用』一九一頁参照
『Revive by TOKYO24』……『皆殺し映画通信　地獄へ行くぞ!』一〇四頁参照

こいつら現場で手術したがりすぎ。
危険な手術をやりすぎて脳から変なものが出ているとしか思えない

『劇場版 TOKYO MER 走る緊急救命室』

監督＝松木彩　脚本＝黒岩勉　音楽＝羽岡佳、斎木達彦、櫻井美希　主題歌＝平井大
出演＝鈴木亮平、賀来賢人、中条あやみ、要潤、小手伸也、佐野勇斗、ジェシー、フォンチー、菜々緒、杏、鶴見辰吾、橋本さとし、渡辺真起子、仲里依紗、石田ゆり子

ＴＯＫＹＯ ＭＥＲ[※1]は東京都知事の肝いりで設立された走る救急治療チーム！　手術もできる滅菌室を備えたＥＲカー[※2]を駆使して患者発生の現場で即応、一人の死者も出さない！　という触れ込みのドラマの劇場版。舞台は……横浜！　いきなりよそのシマ荒らしてるじゃねーかよ！　というので思わず見にいってしまったんだが、実際の映画ははるかに強烈であった。ＥＲカーどころか事故現場で切った貼ったの手術三昧。もはや滅菌室とか必要なくない？　ブラック・ジャック魂というか、人間を切ってつなげば動くロボットだと思ってるサイコパス精神のようなものを感じてしまった。昔から、外科医に対してはいわれない偏見を抱いているのだが、それをひたすら肯定してくれるような。まあとんでもない医者もいたもんだ。なお、脚本の展開とセリフはChatGPTが書いたかのように陳腐で馬鹿馬鹿しいものだなあ、と思ったが、これは決してChatGPTを貶めようとするものではありません。

映画がはじまるといきなり空港で炎上している飛行機。消防活動に懸命な消防士、慌てて逃げる乗客の流れに逆らって機内に駆けこむ者がいる。「待っているだけでは救えない命がある」をモッ

トーに、攻めの医療で患者を救うTOKYO MERのチーフドクター喜多見幸太（**鈴木亮平**）だ。「MERがきてくれたー！」とわかりやすく説明ゼリフで喜ぶ乗客たち。続いて弦巻比奈（**中条あやみ**）らMERのメンバーが次々に乗りこみ、その場で動けない乗客のトリアージをおこなう。喜多見は子供の気胸を見るや、「この場で手術します！ マオちゃん、がんばって！」といきなりメスを取り出して切開、無事子供を救う。だが、飛行機の翼からは燃料が漏れており、今にも引火して爆発するかもしれない。無事乗客が全員避難しおわり、最後に降りようとした客室乗務員がばったり倒れる。「まずい！ 腹部に内出血がある！ この場で手術しないと間に合わないかもしれない！」というわけでERカーを瓦礫が散乱する中、爆発寸前の飛行機の近くまで持ってきて、そこで手術することを決意する。

流れるように無理矢理現場で手術しまくるTOKYO MERの流儀が紹介されるわけだが、そもそも喜多見の危険箇所に積極的に突っ込んでく姿勢はどうなんだ。実はドラマ版のころからそこはさんざん突っ込まれているらしいのだが、やはり医療従事者が積極的に危険地帯に飛びこむのは二次災害の予感しかしない。そしてこいつら現場で手術したがりすぎである。なんか危険な手術をやりすぎて脳から変なものが出ているとしか思えない。火が出ている機内でトリアージとか応急措置とかしてるのおかしいだろ！ そして超高価なERカーを思いっきり危険にさらすことに、赤塚都知事（**石田ゆり子**）すら何も言わないのはさすがにどうかしている。肝胆相照らす中の消防隊員千住（**要潤**）の協力によって、無事爆発寸前に手術完了。

「……今回の出動では軽傷者XX名、重傷者XX名、死者は……（思い入れたっぷりに間をとって）……ゼロですっ！」

わーっ！ と司令室が喝采に包まれてめでたしめでたし。ところが喜多見はというと、実は義父母との食事の約束をすっぽかして出動していたのだった。スタッフに言われて思い出し、慌てて家に帰る喜多見。もはや義父母の姿はなく、臨月の妻千晶（**仲里依紗**）は黙ってスーツケースに荷物を詰めている。

「……実家に帰らせていただきます！」

仕事人間の喜多見、臨月の妻をほっぽらかして電話一つせず、連日詰め所に寝泊まりして一ヶ月のあいだに帰ってきたのはわずか四日！　この二人、一度結婚したが千晶が愛想を尽かして別れ、五年前に再婚したのだという。「心を入れ替えて今度こそ大事にします！」と約束しといてこの始末。もうさっさと離婚したほうがいいよ！　さらに問題なのが喜多見の態度で、これは千晶に対するときだけではないのだが、相手に正論を言われると反論せずにっこり笑って「ですよねー」と同意し、だがそれで行動を変えるわけではない。とりあえず相手の言うことに同意してその場をやり過ごすことしか考えていない様子で、実にサイコパス的だと思わずにいられない。これ、まさかそんなつもりでキャラクターを造形しているとは思えないのでたまたまなんだろうが、喜多見の刺激中毒だとか、生命を軽視し、人間を修理可能な機械のように扱う態度とか、何もかもサイコパスの特徴にあてはまって怖いんだよ……。

さて、そんなわけで横浜の実家に帰った千晶。さすがに反省した喜多見に頼まれて様子を見に行った看護師長夏梅（**菜々緒**）と一緒に横浜ランドマークタワーに飯を食いにいくことにする。と、まさにそこを狙ったかのように、掃除夫の格好をした絵に描いたような不審者があらわれ、ゴミ箱につめたビニール袋から液体を撒き散らすと火を放つ……！

大爆発が起こってたちまち炎に包まれるランドマークタワー。ビニール袋に入ってたのはガソリンらしいのだが、ガソリンだけであんな爆発するものなのか。中層階から火が出たのでタワーは分断され、逃げられなかった利用客は最上階の展望台に集まる。ここで登場するのがYOKOHAMA MER。TOKYO MERに対抗すべく厚労省の肝いりで設立された医療チームである。リーダーの鴨居（**杏**）はアメリカ帰りのエリート医師、実は元TOKYO MERのセカンドドクターであり、現厚労省技官の音羽（**賀来賢人**）の元恋人である。音羽は、元々は危険に飛びこむ喜多見の医療スタイルに批判的であり、TOKYO MER解体のために厚労省から送りこまれたスパイだったが、一緒に働くうちにほだされてしまったという経緯があり、現在は厚労省で「日本の医療を変える」べくMER統括官なる職務についている。突入マニアの喜多見が例によって「待っているだけでは、救えない命がある」と突入を主張するも、鴨居は「待っていなければ、救える命も救えなくなります」と冷静な意見。てかこっちが常識なんですけどね。

消火活動中の爆発で二次被害を受けた神奈川県消防隊員の治療に勤しんでいた喜多見、女子会のためにランドマークタワーに来ていた千晶と夏梅が最上階に閉じこめられ、そこでは負傷者も出ていることを知る。「待ってるだけでは……」と火勢の弱い北側非常階段を使っての突入を訴えるも、途中に医者だけでは通り抜けられない難所がある。そこにタイミングよくあらわれるのが千住率いる東京都消防隊！　この映画、ほんとこの「そこは俺にまかせろ！」とタイミングよく登場！　が多すぎて、まじでAIが書いた脚本みたいなんだよな。そういうわけで「ここは俺にまかせて先にいけ」のおかげで階段を駆けあがった喜多見。最上階に到達すると、

「TOKYO MERだ！」

「まさか、七十階を階段で登ってきたのか!?」

とこの上ないほどわかりやすすぎる説明ゼリフで喜多見の凄さを伝えてくれる避難民たち。喜多見、さっそく転んで負傷して意識のない老婆を診る。

「これは脳内出血！　今すぐ頭蓋骨に穴を開けて血を出さないと命にかかわる！」

と診断、その場でメスとドリルを取り出し老婆の頭にギリギリギリと……いや、そういうことをするときのために滅菌室とかあるんじゃないの？　てかレントゲンすら撮らずにそんな診断くだしていいの？　見てるあいだじゅう、ＴＯＫＹＯ ＭＥＲって「死者ゼロ」を売りにしてるけど、現場では死ななくても予後不良の患者大量に出してるんじゃないかって思えて……ＭＥＲすら使わない現場手術主義には鴨居ならずとも異を唱えたくなりますね。あきらかにおかしな方向にアドレナリンが出すぎなＴＯＫＹＯ ＭＥＲたちである。というわけで例によって現場でトリアージをして、非常階段で降りようとするが中層階でまた火の手が強まって進めなくなる。頼みの東京組も他で手がふさがっている。もはやこれまでか……と思われた瞬間、

「助けに行かなきゃ……」

横になってＹＯＫＯＨＡＭＡ ＭＥＲから治療を受けていた神奈川県消防隊の隊員たちが一斉にゾンビのようにむくむくと起きあがり、止める医師たちをふりきってゾンビ消防団として救援に向かう。この一団、無線を全部共有してるので、ＴＯＫＹＯチームの現場手術が本部にもＹＯＫＯＨＡＭＡチームにも全部筒抜けなんですね。そういうわけでゾンビ消防団にも事情が届いてしまったんですが、この場面、この映画でいちばん笑った。で、このあと予告編でも使われている、瓦礫の中に閉じ込められた千晶が、

「あなたと赤ちゃんだけなら助かるから、今すぐ帝王切開して赤ん坊と逃げて」

と喜多見に懇願する場面があり、まさかそんなことするわきゃないんだが、なんせここまでどこでもかまわず切りまくる現場手術マニアっぷりをさんざん見せられてるだけに、ひょっとしたら切るんじゃねえか!?　と本気で怖くなってしまったよ。で、最後はＹＯＫＯＨＡＭＡチームが自前の

最先端のＥＲカーを喜多見に貸しだして手術させてやることになるのだが、どう考えても杏が手術したほうがいいだろ！　この危険な現場手術マニアサイコパスからはさっさと医師免許取り上げたほうがいいよ！

※1　TOKYO MER
ＴＯＫＹＯ ＭＥＲは、東京都知事直轄の救命救急のプロフェッショナルチーム。ＭＥＲは、モバイル・エマージェンシー・ルームの略称で、オペ室を搭載した大型車両（ＥＲカー）で、いのちの緊急現場に駆けつけて、救命処置を施す！　その使命は「死者を一人も出さないこと」。映画のもとになったのは、ＴＢＳで二〇二一年に放送された本格救命医療ドラマ『ＴＯＫＹＯ ＭＥＲ～走る緊急救命室～』。

※2　ERカー
最新の医療機器とオペ室を搭載した大型車両。ドラマの車は、八トン車を改造したものだという。現実には費用面などの問題があり、存在しない。ＥＲは、エマージェンシールームの略で、走る緊急救命室という意味。

大川隆法、最後の映画。ハッピーサイエンススターたちともう会えないのかもと思うと、ちょっと寂しい気も……

『レット・イット・ビー〜怖いものは、やはり怖い』

監督＝奥津貴之　原作・企画＝大川隆法　撮影＝新島克則　音楽＝駿河優森　主題歌＝田阪恵美
出演＝青木涼、山岸芽生、長谷川奈央、松岡蓮、深沢莉子、神峯えり、千眼美子、宮本大誠、津山登志子、並樹史朗、ミスターちん、小宮孝泰

タイトルには著作権がない。ないのだが、それにしたってやっていいことと悪いこととあるだろ！と誰もが一言あるだろう『レット・イット・ビー』。大川総裁がビートルズ好きだった、くらいしかこんなタイトルをつける意味が思いつかないわけで。プロデューサー小島一郎は「本作のメインタイトル「レット・イット・ビー」は、サブタイトル「怖いものは、やはり怖い」と同義です」とか言ってるけど、そんなわけあるか！　大川総裁が二〇二三年三月二日、自宅で急死したこと[※1]ではからずも大川総裁の関わった生前最後の映画となった本作、二〇二一年公開の『夢判断、そして恐怖体験へ[※2]』の続編。

よりによってこんな小品が最後になってしまうとは。幸福の科学の映画戦略が今後どうなるのかはわからないのだが、いつの間にか顔なじみになっていた**長谷川奈央**、**希島凛**といったハッピーサイエンススターたちともう会えないのかもと思うと、ちょっと寂しい気もする。なお、映画のテーマは「この世は短くはかないものだが、この世がすべてではない」ということらしいので、死後第一作でもまあいいのかもしれぬ。

さて、心理カウンセラー（兼前世リーディング師）神山圭治（**青木涼**）の助手として人助けをしている上野葵（**山岸芽生**）のもとには、今日もいろんな悪夢を見た患者が夢判断を求めて訪れる。映画では五つの「リーディング」が登場し、それを神山が解釈してゆくのだが、相互に関連はなくただの数珠つなぎになっている構成は、正直前作に劣ると言わざるを得ない。

〈血の雨が降る〉

血の雨が降る夢を見た大学生だが、起きると畳に夢の中の血が染みこんだ跡がある。超常現象を取りあげるテレビ局からリーディングの依頼を受けた神山、さっそくカルマのせいなのだと説明する。「前世の武将が人を殺しまくり血の雨を降らせていたせいなのです。前世で多くの人の可能性を奪ったので、今生では他人の可能性を生かしてあげる生き方をしなければなりません」と説教。懐疑派のアナウンサー青山千聖（長谷川奈央）は圧倒されながらも納得できないものを感じている。

〈稲荷神社の使い〉

ある日、神山のオフィスからの帰り道、葵は見知らぬ道に迷いこむ。四つ角のどちらを行っても同じ場所に出てしまうのだ（トリック撮影で右から画面の外に出ては左から入ってくる葵の姿）。誘われるように四つ角の稲荷神社に入っていく葵。するとどこからともなく老婆があらわれ、「四百円貸しとくれ」と言うではないか。だが、財布が空っぽだった葵、「すいません」と謝って帰る。後日、神山のリーディングにより、稲荷の狐が、葵を使い魔にしようとしていたのだと判明する。そこでお金を払ってしまうと稲荷に使われることになっていたのだという。

〈脚についた手形〉

千聖の同僚アナウンサー奈津貴（**深沢莉子**）、膝に血の色の手形があらわれる超常現象に見舞われる。神山のリーディングによると、それは奈津貴の前世にかかわることであった。隠れキリシタンであった奈津貴の前世は石抱きの拷問にかけられる。そのとき、彼の前にイエス・キリストがあらわれ、「あなたのかわりにわたしが重荷を持とう」と石の下に手を差し入れた。その血だらけのイエスの手形が前世の膝に残ったのである。それは彼女が前世と同じように神に身を捧げる人生を送ることを求めているのだ、と神山に諭され、奈津貴は教会に向かうのだった……ってどう見てもキリスト教会なんですけど、意外と心が広いじゃないかハッピーサイエンス！　と思ったんだよこのときには。

〈飛び降りてくる女〉

自殺防止相談員の男（**ミスターちん**）が、夜毎に天井から落ちてくる女の夢を見る。神山のリーディングにより、自殺しようとしている女性がおり、その呪いがなぜか彼のところに来ていたことが判明する。「自殺しようとしている人がいる！」と神山のリーディングに従ってビルの屋上に行くと、黒づくめの女が階段を登ってあらわれ、静止しようとする葵の声を無視して飛び降りる！　だがそれは自殺者の霊であり、自殺するとこの世に留まることになり、永遠に死の苦しみを反復することになるのだ。「自殺すれば楽になる」というのは大間違い……みたいな教訓話なのだが、このエピソード、Ｊホラーを大いに参考にしてると見えて、照明を極限まで減らして真っ暗にした神山のオフィスといい、永遠に飛び降りつづける女幽霊の呪いといい、なかなか記憶に残るディテールに満ちている。

〈真夜中の訪問者〉

気仙沼で東日本大震災の犠牲者に取材していた千聖は、偶然恩師に会いに来た神山とすれ違う。おばの家を訪れた千聖は、真夜中に呼び鈴に答えて玄関に出るが、人影はなく、ただ廊下に泥水のような足跡だけを残して存在は消える。あれはいったいなんだったのか……と心霊懐疑派から中立派に転じた千聖が神山に訊ねると、神山はただちに震災の犠牲者の霊がおばの家から漏れる光に惹かれてふらふら〜と訪れたが、千聖に脅かされて逃げたのだと教える。霊が「ここなら成仏できるかも」と感じて引き寄せられた光とは？　それはおばが妙ちきりんな新興宗教にハマって毎夜毎夜あげているお題目のおかげで……はいはいわかったわかった。まあそれもこれも大川総裁の勝手というよりないが、東日本大震災のような悲劇を、おまえさんのつまらん宗教の布教に利用しようという態度はただただ**さ**もしく、最後の最後がそういうかたちで終わってしまったのは残念ながらお里が知れると言わざるを得ない。そういう意味ではこれが大川隆法にふさわしい結末だったのかなあ。すべては「なすがままに」。ちなみに**千眼美子**嬢は千聖の早逝した母親役で客演しているのだが、この小さな役が彼女の最後の映画にならないことを祈っている。

※**1　大川総裁が二〇二三年三月二日、自宅で急死した**
享年六十六歳。大川隆法は一九五六年徳島生まれ。東大卒業前後に霊的に覚醒し、一般企業に勤めながら、父善川三郎と兄富山誠と共著で『日蓮聖人の霊言』を出版する。その後次々と本を出版し宗教活動を続け、一九八六年に「幸福の科学」を設立。父は、生長の家やＧＬＡ教団から影響を受けており、「幸福の科学」にもそれが反映されているという。九〇年代に一気に信者を増やし大教団となった。二〇〇〇年代に入ると、「幸福実現党」を結成し政治への参与を試みたり、各地に教育施設を作って運営するなどの活動を始めた。霊言の出版活動も盛んに行っていた。大川は二〇二三年二月二十八日に東京都の自宅で倒れ搬送されたが、心肺停止で死去したという。だが、二〇二四年四月現在、公式サイトにはいまだ死の公表はなく、生前と同じように大川氏が扱われている。また教団の後継者についても発表はないままである。

※**2　『夢判断、そして恐怖体験へ』**
『皆殺し映画通信　あばれ火祭り』一一八頁参照

どこだそれは⁉ 富山県射水市です！
いくらなんでも祭りのためにそこまでするのか⁉

『僕の町はお風呂が熱くて埋蔵金が出てラーメンが美味い。』

監督＝本多繁勝 脚本＝西永貴文 撮影＝山下悟
出演＝酒井大地、原愛音、宮川元和、長徳章司、金児憲史、澤武紀行、お姉ちゃん（雷鳥）、山崎広介、泉谷しげる、立川志の輔、丘みつ子

どこだそれは⁉ 富山県射水市です！ そうこれ自体はよくある富山県のお祭り（射水曳山）映画なのだが、本作がすごいのは祭りをやりたいがために祭りの会長（**泉谷しげる**）の死を隠蔽しようとするところ。いやいくらなんでも祭りのためにそこまでするのか⁉ ある意味、大綱引に人生をかける[※1]よりもヤバいのではなかろうか。元日テレのディレクター、石橋冠が劇場用映画『人生の約束』[※2]を射水市で製作したのがきっかけで、監督補だった本多繁勝と射水市とのコネクションが生まれ、出来上がったのがこの映画だという。射水市内川地区は「日本のヴェニス」とも呼ばれる風光明媚で知られる土地だそうだが、宝物はそれだけではない。ラーメンも美味いのだ！ というわけでそんな射水市のお宝が一望できる映画なのである。

物語の主人公は射水市の三人組の高校生。何かと無駄に騒ぎ立てる癖があり、もの（ラーメン）を食べると「うまー！」、お風呂（銭湯）に入ると「あちー！」と大声を出すのでうるさくてしょうがない。今日も今日とて自転車で走りまわりながら、ビデオで映画撮影中なのは銭湯の息子トオ

ル（**酒井大地**）と東京から引っ越してきて中高と同級だったアゲル（**宮川元和**）、寿司屋の息子ヨシキ（**長徳章司**）の三人組である。映画ごっこで服が血糊まみれになったので銭湯に入っていると、女湯のほうから同級生の美少女カリン（**原愛音**）の声がする。すかさず覗こうと肩車して……って駄目だろ！　さっそくトオルの祖父（泉谷しげる）が雷を落とし、トオルから罰金を取り立てるが、周囲は「あんたも昔は……」とたしなめる。いや、こういうネタで笑いを取りにいくとか、あまりにアップデートされてなさすぎ。それがテレビ局の製作者のせいなのか、富山のお国柄なのかは知るよしもないが。

　さらに罰として蔵の掃除を命じられた三人組。ところがそこでも片付けるどころか、蔵に詰め込まれた古書をはじめとするお宝を並べて「ピタゴラスイッチ」ごっこをはじめ、あまつさえそれをYouTubeに投稿して喜んでいる始末。それを見た祖父、さらに怒りを爆発させ、血圧があがり、怒りのあまり……ばったり倒れてしまった！　そのまま帰らぬ人になってしまった祖父である。

　さすがに自責の念にかられるトオルだが、祖母（**丘みつ子**）を筆頭に、両親も「もともと血圧高かったし、あまり気にやまなくてもいいわよ」とトオルを慰める。トオル、すぐに立ち直って祖父の死で祭りが中止になると知ると、医師（**立川志の輔**）に「おねがいします。明日死んだことにしてくれませんか！」と頼みこむ。「そんなことできるわけない！」と抗議する医師だが、祖母をはじめ本江家の親族全員から頼まれて嫌とは言えなくなってしまい……。

　コロナ禍で二年間中止されていた祭りが三年ぶりにひらかれるのを楽しみにしていた皆の思いが、みたいなことを言っているトオルだが、そもそもカリンと祭りで遊ぶ約束が流れてしまうのを嫌がった邪念ゆえとしか思えず、このあと死人にかんかんのうを踊らせる[※3]——ドライアイスで冷やした祖父の死体を車椅子に座らせて、過去の演説を切り貼りした録音をスマホから流すという悪趣味なもの――手はずまで考える邪悪さからしても、人の死をあまりに軽く考えているとしか言いようがない。そもそもトオル、昔兄と水遊びしていて（因果関係ははっきりしないものの）兄の事故死に間接的にかかわった疑惑もあるのである。そんな過去があるから両親も腫れものに触るような扱いをしているのか？　どっちにしても人間の死が軽すぎて困ってしまうのである。実際祭りがはじまるとカリン相手にわちゃわちゃしてるばかりで、すっかり祖父のことなど誰も覚えていないのだった。

そんなわけで祭りも無事終わり、葬式も終わったものの、トオルは両親から祖父が作った借金があって、銭湯の土地を再開発にかけようとする動きがあることを聞かされる。どうやら変化を嫌うこの町にも、リゾート開発を狙うコンサルタントが入りこんで、土地の買収を進めているようなのである。このままでは「風呂が熱い」銭湯もなくなってしまう。どうしたら救えるのか……というところで思い出したのが、先日蔵で遊びちらかしてるときに発見した古文書である。そこには織田信長がかつて埋めたという埋蔵金の在り処が記されていたのである。これだ！　と思いついた三人組、さっそくダウジングロッドとスコップを持って、三つ存在する埋蔵金候補地を順に回るのだが……。

……というわけで「お風呂が熱くて埋蔵金が出てラーメンが美味い」というお話である。さらに町を歩きながらブツブツ言ってメモを取ってる不審人物〝ダイブツ〟（**山崎広介**）やら、埋蔵金の真実やら、東京へ行きたいカリンの地元ディスを受けてトオル大ショックとかいろいろネタが織りこまれているのだが、最後にはみんなで新湊のお宝探しで街を盛り上げ再開発の魔手も逃れ！　るかと思ったら町おこし大会は全然盛り上がらず、すっかり元のもくあみかと思われたが、誰もが再開発コンサルタントの手先だと思っていた〝ダイブツ〟が実はカリスマアニメ監督であり、射水市を舞台にしたアニメが大人気でまさかの「聖地巡礼」で観光客が集まって町おこし大成功！　すべて成り行き任せだし、街はあまり変わらないが変わらないのがいいことなのだ！

いやまあ外から見る側の人間にとってはそれがいちばんと思われるけれど、結局若いもんがみんな街を出ていってしまう閉鎖的なお国柄はそのままなわけで、アニメ観光で盛りあがるだけだとちっともその解決にはならないんだが、そこらへんの答えは結局ないままなのだった。

※1　大綱引に人生をかける

……という映画が存在する。それが鹿児島県薩摩川内市を舞台にした佐々部清監督『大綱引きの恋』で、四百年続く祭り「大綱引き」にかける青春を描く。人生の至上価値は「大綱引き」にあるという地方コミュニティの凄みをも感じる映画である。『皆殺し映画通信　あばれ火祭り』五九頁参照

※2　劇場用映画『人生の約束』

山田太一や倉本聰らと長年組み、『点と線』や『新宿鮫シリーズ』など数々のテレビドラマ作品を手がけてきた石橋冠が二〇一六年に七八歳にて初監督した、富山県射水市の新湊曳山祭りを題材にした映画。三百五十年続く曳山祭りを舞台に、仕事人間だった祐馬（竹ノ内豊）が、かつての共同経営者で親友だった航平の死によって人生を見つめ直す物語。

※3　死人にかんかんのうを踊らせる

落語「らくだ」では、長屋で死人が出たが葬式を出す金がないため、大家らから金を出させようと「金を出さないと、死人にかんかんのうを踊らせるぞ」と脅迫し、実際に死体を文楽人形のように動かして見せる。

原作ヴィクトル・ユーゴー！　主演は元テニミュとAKB！
人気の二・五次元俳優に中世の騎士のコスプレさせれば人気さらに倍！　みたいな思いつき？

『美男ペコパンと悪魔』

監督・脚本・VFX・編集＝松田圭太　原作＝ヴィクトル＝マリー・ユーゴー　企画・製作総指揮＝堀江圭馬　撮影＝今井哲郎
出演＝阿久津仁愛、下尾みう、吉田メタル、岡崎二朗、堀田眞三

原作ヴィクトル＝マリー・ユーゴー！[※1]　主演は元テニミュとAKB！　だけど原作はユーゴー！
これがどのくらいすごいことかというと、©表示が「©2023映画「美男ペコパンと悪魔」製作委員会（ヴィクトル＝マリー・ユーゴー著）」となっていて大笑いしたくらいだ。ユーゴーは製作委員会まで書いたのか！　ともかく本当に「美男ペコパンと悪魔」という短編小説があるのだが、いまだかつて一度も映像化されたことがないのだという（「美男ペコパンと美女ボールドゥールの物語」ユゴー『ライン河幻想紀行』、岩波文庫所収[※2]）。それが現代のCGIによってついに映像化されたのである。

そういうわけで。舞台：立川。

なんでだよ！　ユーゴーじゃないのかよ！　立川駅前でいちゃいちゃデートしている隼人（**阿久津仁愛**）と亜美（**下尾みう**）。待ち合わせに早く着いて、ハードカバーの本を読んでいる隼人。

「表紙がキラキラしてていいだろ（金箔捺し）」という隼人。それが『美男ペコパンと悪魔』である。

読書家の亜美に勧められて『レ・ミゼラブル』を読んで、面白かったから他の本を読んでみたのだ、

という。ところで亜美、「『レミゼ』とか『ノートルダムの鐘』とか」と言ってる時点で、おまえも本読むんじゃなくて映画かミュージカルしか見てないだろ！　原作読者は普通〝レミゼ〟なんて略さないし、『ノートルダム・ド・パリ』が結構な大作だということも知っているよ！

そんな似非読書家カップルの二人、デート中に翌週の予定で喧嘩になってしまう。花火大会に行く約束があったのに、隼人が勘違いして友人とライブに行く約束をしてしまったという。

「もう知らない！」と店を飛びだす亜美。後を追ってこない隼人にちょっぴり失望。翌日、メッセージを送ると電話がかかってくるではないか。

「あら、隼人ママ！　どうしたんですか？」

「あの子、昨日あなたと別れたあと車に轢かれてまだ意識が戻ってないの！」

慌てて病院に駆けつける亜美。ベッドの枕元には読みかけの『美男ペコパンと悪魔』が置いてある。とりあげて、パラパラとめくってみる亜美。

……そこからはじまるのが美男の騎士ペコパン（阿久津仁愛二役）とボールドゥール姫（下尾みう二役）の恋物語。そう、やっとここからユーゴー・パートがはじまるのであった。そもそもなんでこんな映画作ろうと思ったのかよくわからなかったのだが、人気の二・五次元俳優に中世の騎士のコスプレさせれば人気さらに倍！　みたいな思いつきだったのだろうか？　ちなみに本作の企画と製作総指揮をつとめ、実質的な製作の原動力となっているのはぺんてる株式会社の社長である堀江圭馬氏。エナージェルのボールペン何本分の利益で作られたのか!?　以下、ほぼコスプレした二人が秩父あたりの河原をうろうろしてるだけの映像が続く。映画は亜美が読むペコパンの冒険物語と、病室で隼人のことを思う亜美のパートとが交差する構成で、騎士のコスプレした阿久津仁愛が大活躍。

タイトルからして「美男」とつくほどイケメンのペコパン。ともかく作中でも美男だから美男だからともてはやされまくる。結婚を前にして宮中伯に狩りにさそわれたペコパンだったが、いざ狩りをすると評判の良さを見込まれてブルゴーニュ公への使いに出される。ブルゴーニュ公は名門の血筋を見込んでパリの国王への伝令に使う。国王はグラナダのムーア人たちへの外交官に任命する……という具合に玉突きで許嫁をほっぽらかしてヨーロッパ中を飛びまわっているペコパン。ついにはバグダッドのカリフの元に送られてしまう。ところがカリフの第一夫人がペコパンの美貌に目をつけてベッドに忍んできたからたまらない。その様子をひそかに見ていたカリフの怒らんまいことか。ペコパンをつかまえると「おまえは評判が高く、名門の血筋……なので、地獄に送ってやる！」とベランダから突き落としてしまう。

ペコパンが落ちた先は紅海のほとりの浜辺だった。そこには悪魔アスモデ（**吉田メタル**）がいた。地獄へ運ぶ魂が重すぎて疲れ果てていたアスモデは言葉巧みにペコパンに取り入ろうとするが、相手の正体を見抜いたペコパンに打ち倒され、大怪我を負わされてしまう。

ペコパンが目覚めるとそこは閉ざされた渓谷。賢者タレブに救われたペコパンだが、タレブから娘アイサブと結婚するように求められる。断るとタレブはメタリックな昆虫人間の正体をあらわして襲いかかってくる。要するにやりたかったのはこういうことらしく、CGで作ったファンタジー・クリーチャーのフィギュアが次々に登場する。しかし、それが本当に必要だったのか？　別にこんなクリーチャー、なにひとつ出てこなくても映画は成立するのではないかと思われるのだが……フィギュアのガレージキットを売り出したりしているのも本作の企画の一部らしい。

そんなこんなで五年の歳月が過ぎた。ボールドゥールももう二十歳になったことだろう。というところでペコパンは小人のルーロンの歌声が聞こえる「迷いの森」に迷いこんでしまった。ここらへん唐突きわまりない展開なのだがすべて原作通り。あらすじだけ追いかけるとペコパンはひたすら流されるがまま放浪しているだけになってしまう。じゃあ肉付けが必要だとなってCGキャラクターが出てきたのかもしれないが、力を入れる方向を間違ってるような気が……。「迷いの森」から逃れるすべはない、とペコパンがさめざめと泣いていたところに謎の貴族があらわれる。貴族は、「黒い森」での夜の狩りにつきあってくれたらファルケンブルクのボールドゥールの城まで送ってやる、とペコパンに申し出る。もちろん参加するペコパン、森の中を縦横に走りまわって見事な狩りを見せる。翌朝、ファルケンブルクまで貴族に送られ、礼を言う。だがその貴族とは紅海で戦った悪魔アスモデではないか！「膝の怪我の借りがある」悪魔は「お礼を言うのが少し早いんじゃないかね？」と不気味なことを言う。あわてて城に向かったペコパンを迎えたのは老婆（銀髪のかつらをかぶった下尾みう）であった。「おまえみたいな老婆は知らぬ！」と城を飛び出したペコパンだったが、悪魔から「黒い森」での一晩は現世での百年に当たる、と聞かされて仰天する。つまりあの老婆は……。

この話のあとに隼人が目を覚まして二人が手を握りあってもどんな顔をすればいいのか。これ、映画として本当に成立させたかったなら、フィクション部分のペコパンの冒険をアクションとしてしっかりやるしかなかったのではあるまいか。CGをピカピカさせる似非チャンバラではなく、やはり二・五次元俳優にはコスプレを超えたアクションを見せてほしかったですねえ。

※1　ヴィクトル＝マリー・ユーゴー
一八〇二年―一八八五年。フランス。ブザンソン生まれ。ロマン主義の詩人、小説家。父はナポレオン軍の将校。若くして文才にめざめ、二十歳で出版した初詩集が評価され、国王から年金を賜るようになる。その後、小説、戯曲などの分野で活躍する。『エルナニ』、『ノートル＝ダム・ド・パリ』が大成功し、アカデミー・フランセーズ会員に選出された。一八四八年には共和政成立で議員に選出。六十歳のとき『レ・ミゼラブル』で大成功を収めた。一八八五年パリで死去したときは国葬で見送られたフランスを代表する文豪。

※2　ユゴー『ライン河幻想紀行』
岩波文庫版の翻訳は榊原晃三編訳で、抄訳となる。原題は『ライン河』。一八三九年八月から、ユゴーがライン河近辺を周遊しながら歴史や伝承、伝統などを見いだし、ゲルマン民族の文化の深層を記録していく紀行文。ユゴーはドイツこそ自分の愛する土地であると書いている。

ゴーゴーカレー会長「カレーの映画を作っては？」

すかさず地方映画マエストロが本領を発揮！　金沢のスパイス女子高生の活躍を描くカレー映画

『スパイスより愛を込めて。』

監督＝瀬木直貴　プロデューサー＝中西康浩、宮森宏和、瀬木直貴　脚本＝アラン・スミシー　撮影＝岡田賢二　音楽＝高山英丈　主題歌＝あたらよ　カレー監修＝一条もんこ

出演＝中川翼、茅島みずき、速瀬愛、坂巻有紗、福山翔大、田中直樹、横山めぐみ、萩原聖人、田中美里、加藤雅也、元谷芙美子

なんと脚本アラン・スミシー！　ハリウッドで活躍する映画監督スミシーのこれは初日本映画か？　もちろん皆さんご存知のようにアラン・スミシーとは何らかの事情で映画監督が自作に名前を出したくなかったときに使用するＤＧＡ（全米監督協会）公認の匿名名義のことである。したがって本来は監督以外は無意味なのだが、最近では脚本家等でも名前を出したくない場合にこの名前を使うことがあるそうだ。だがしかし、ここは日本である。いったい誰が、何を不満に思って「アラン・スミシー」なんて名前を使うことになったのか、気になってしょうがないではないか！

そんな本作、地域映画のプロ（日本各地を渡り歩いてその土地の地方映画を撮る人）瀬木直貴（『カラアゲ☆ＵＳＡ』[※1]、『恋のしずく』[※2]）が石川県金沢市を舞台におくるカレー映画、なんでも金沢ゴーゴーカレー[※3]の宮森会長から「カレーの映画を作っては？」と誘われたことがあったらしく、すかさず地方映画マエストロの本領を発揮してカレーの街金沢を舞台にしたカレー映画を作ったというわけである。ゴーゴーカレーばかりがフィーチャーされるわけではなく、他のカレー店も登場するのだが、特筆すべきはアパ社長カレー[※4]も取り上げられて、アパ社長こと**元谷芙美子**氏も特別出演して

いること。すっかりアパに乗っ取られた格好だが、金沢の人はそれでいいのか⁉

　さて、それは新型ウイルスの蔓延によってすべてが変わってしまった世界。日常は失われ、それとともにカレーも消えた。新型ウィルスにはカレーが効くという噂が広まったためにカレーの買い占めが起こり、海外との貿易も途絶えたためにスパイスがいっさい入ってこなくなり、カレーがこの世から消えてしまったのだ。そして一年……。

　ってなんだよ！　ＳＦかよ！　さすがは世界的脚本家アラン・スミシーが考えたストーリーとしか言いようがないびっくりＳＦ。主人公はゲイの高校生なのだがストーリー上はほとんど何も意味もなく、もっぱら語られるのはスパイス研究をしていた学者である父（**萩原聖人**）の汚名を晴らそうとするスパイス女子高生（カルダモンのパウダーを嗅いでキマっている）の活躍を描くカレー映画。いや、いったい誰がなんでこんな話を作ろうと思ったのか、そしてその過程のどこでアラン・スミシーが映画を乗っ取ることになったのか、謎は深まるばかりなのである。

　漫画家の母親（**田中美里**）を持つ蓮（**中川翼**）は野球部にいるが、憧れの先輩からグラブをもらってご満悦。帰り道、川のほとりでカルダモンのスパイスを嗅いでいる少女莉久（**茅島みずき**）を見かける。蓮は幼馴染で読モとして活躍中の沙羅（**速瀬愛**）に頼まれ、レトルトカレーと引き換えに彼女が気になっている美容師に近づく手助けをする。蓮は憧れの野球部先輩と莉久が喫茶店で楽しげに話していたところを見かけて反発するが、莉久のほうは世の中にほとんど存在しないはずのレトルトカレーやスパイスを無尽蔵にくりだし、沙羅をはじめとする周囲の人間をあやつろうとするのである。はたして彼女の企みは……？

　というところで徐々にわかってくるのだが、莉久の父親こそ、「スパイスが新型ウイルスに効く」と発表した科学者だったのだ。だが、その研究は世に受け入れられず、父親は研究データをすべて捨ててしまった。共同研究者だった莉久の兄（**福山翔大**）は、そのせいで準備していた論文を発表できなくなってしまったので、父のことを恨み、権力者山神厚生労働大臣（**加藤雅也**）に接近している。そして莉久は、父の研究を葬った者たちへの復讐を企てていたのだった……ってこの話、意味わかります？　結局、「スパイスが新型ウイルスに効く」というのは事実だったのか？　それは事実であったにもかかわらず、利権を狙う者たちによって葬られてしまったのか？　だとしたら、なんでそこで父親は研究データをすべて捨てて研究を放棄してしまうんだ？　拗ねたのか？　そしてそれがデマ扱いされてしまったなら、なんだってカレーは買い占められ入手不能なままなのか？　この誰にも理解不能なストーリーこそが、アラン・スミシーがはるばるハリウッドから召喚されてしまった理由なのだろうか？

そんなわけで莉久は父の遺産（大量のスパイス）を巧みに使って同級生を操り、学園祭で憎むべき敵山神大臣と対決する計画をたてるのだった……いや、この山神こそが莉久の父の研究を独り占めにしようとして、その研究がデマだというデマを流した張本人らしいのだが、父はそこで絶望しないで研究を発表して世に問えばいいだけだったと思うのだが。そこんとこがどうしても納得いかない。で、山神はなおも父が隠した研究データを入手しようと手を尽くして兄に手をまわし……まあ最後には莉久の父の汚名が晴らされることになるのだが、そうなったら世界にカレーが戻ってきてゴーゴーカレーも営業を再開するという結末がどうしても納得できず、だってスパイスが新型ウィルスに有効だと本当に判明したのなら、それまで以上にスパイスの需要は高まって、カレーごときに使ってる分なくなるのではないか？　そこんとこどうなんですかスミシーさん！　なお、映画には蓮の母親をはじめとするカレー自慢の人々が作るカレー調理シーンが登場し、カレーレシピ映画としても利用可能なれっきとしたカレーエクスプロイテーションになっておりました。

※1　**『カラアゲ☆USA』**
『皆殺し映画通信　天下御免』一九一頁参照

※2　**『恋のしずく』**
『皆殺し映画通信　お命戴きます』二〇二頁参照

※3　**金沢ゴーゴーカレー**
二〇〇三年創業、ゴリラがトレードマークのカレーチェーン店。石川県をはじめ全国に店舗を展開している。なお金沢カレーとは公式サイトの定義によると、「(1) ルーは濃厚でドロッとしている。(2) 付け合わせとしてキャベツの千切りが載っている。(3) ステンレスの皿に盛られている。(4) フォークまたは先割れスプーンで食べる。(5) ルーの上にカツを載せ、その上にはソースがかかっている。」というカレーだそうである。

※4　**アパ社長カレー**
アパホテル発祥の地、石川県の金沢カレーをベースに、オリジナルスパイスの風味と牛肉と野菜をじっくり煮込んで引き出した味が自慢。アパカレー公式サイトによると、一千万食以上(業務用含む)を達成しているという。

え？「宝田明　渾身の遺作！」？
まっすぐ立ってられないので後ろから支えている人が必ずいる……

『日光物語』

監督・脚本＝五藤利弘　撮影＝はやしまこと　音楽＝パウロ鈴木。主題歌＝スネオヘアー　挿入歌＝万登香
出演＝武藤十夢、スネオヘアー、和泉詩、宝田明、吉永アユリ、九十九一、伊藤克信、大桃美代子、岩瀬顕子、三坂知絵子、大高洋子、ベアーズ島田キャンプ、内藤忠司、万登香

「宝田明　渾身の遺作！」え？　と思われた方は正しい。二〇二二年三月十四日に亡くなった東宝の大スター**宝田明**[※1]の遺作として『世の中に絶えて桜のなかりせば』[※2]が公開されたのも記憶に新しいところ。だが実は『世の中に〜』の後に撮っていた映画がまだあったとかで、本当の遺作は栃木県日光市発の地方映画だったのだ！　たまたま出かけた温泉旅行でポスターを見かけてこの映画の存在を知ってから数ヶ月、ようやく見るチャンスがやってきた。見て驚いたのが宝田明の演じっぷりである。なんと立っている場面では必ずそのすぐ後ろに立って肩越しに顔を見せている人がいる（予告編でもワンカット見えている）。これ、まっすぐ立ってられないから後ろから支えている人がいるってことだよね？　いや、これはさすがに……映画を見ていると座っている場面では普通に演技している（出演者の中では自然な方だと言ってもいいかもしれない）のだから、別にこんな無理して路上に突っ立たせて芝居する必要なかったのではないか。本人にとってはそれも幸せだったのかもしれないとはいえ、なんだかエド・ウッドがベラ・ルゴシの遺作を作ってしまった経緯を思い起こさせるような……。

肝心の中身はというと日光のカフェを舞台にした人間ドラマというよくありそうな奴で、ヒロインが元ＡＫＢ48。『世の中に絶えて～』のほうは乃木坂46だったわけで、なんなんですかこれは。まあ世の中にはグループアイドルのメンバーやら元メンバーやらが掃いて捨てるほどいるというだけのことなのかもしれない。主演はミュージシャンの**スネオヘアー**、賑やかしのおっさんの一人として**伊藤克信**が出演していてびっくりしたのだが、実は栃木県日光市出身だということなので、そういう縁なのだろうか。

東照宮近くの古民家カフェ、本宮カフェのオーナー、大場嘉門（スネオヘアー）は今日も仕事を娘すみれ（**吉永アユリ**）に押しつけ、趣味の銀塩写真撮影のために中禅寺湖近辺をほっつきあるいている。カフェの常連客たちは「またサボりか」「（写真が）うまくもないのに」と言いたい放題。嘉門は中禅寺湖のほとりで思い詰めたような顔をしている女性（**武藤十夢**）を見かけ、気になっている。五年前に妻（**三坂知絵子**）をなくして男やもめ暮らしの嘉門だが、夢に出てくる妻は「もういい人を見つけて……」とか言ってくるそこそこ都合のいい存在だ。

ある日、珍しく店に出ていると、かの女性が入ってくるではないか。当然注文取りに立つと必要以上につきまといキモさ丸出しでアピールする。さすがに引き気味の女性である。嘉門、おっちょこちょいで直情径行なキャラクターのつもりなのかもしれないが、常連客のおっさんたちに、と言い放つなど、ただ単に嫌な性格の女好きにしか見えない。いや、ここまで言われたらこんな店「うちは若いものに人気の店なんだ！　おまえらみたいなのに居着かれたら営業妨害だ！」「頼まれたって来るもんか！」となるけどなあ。そんなわけでその場での接触は失敗するのだが、彼女が大事にしていた巾着袋を落としていったことが判明すると、「中を見ないと探せないから」と言い訳してさっそく巾着袋の中身を盗み見る。中には四つ折りになった紙が入っており、

「日の光る処の輪の中にそれはある」

との手書き文がある。「日の光る処の輪の中」それは日光輪王寺に関わりがあるに違いない！　と門跡（宝田明）のところに相談に行くが、（後ろから人に支えられている）門跡からは「この大馬鹿もんが！」とひっぱたかれておしまい。後日、闇ガイドをしているカフェ常連客の一人（**ベアーズ島田キャンプ**）のところにかの女性がやってくる。

「あっ日の光る処の……」

「なんで知ってるんですか！」

というわけで怒って本宮カフェに飛びこんできた女性こと大滝優子。平身低頭で謝る嘉門にほだされて事情を説明する。この巾着袋は死んだ母親が大事にしていたものであり、母親がいつも眺めていた紙に書かれた文章の謎を解き明かすために日光へ来たのだという。というわけで謎解きすべく、優子と一緒にウキウキ日光デートして「輪の中」を探す嘉門である。だが、何を提案しても、

「それはわたしの思っている答えではないと思います」

とつれない返事。嘉門、優子を日光金谷ホテルに泊めて「宿代は経費で落とすからいいですよ！」とか言ってる公私混同ぶりである。そのうちにわかってくるのだが、実はこのメモ、優子の母親の別れた恋人のものであったらしい。二人が別れたのは優子が五歳のときだったので、優子は相手の名前も知らない。別れた恋人に母の死を知らせたいのだが、この謎が解ければ相手の素性もわかるかもしれない、と優子は思ったのだ。その話に感動しておいおい泣く嘉門、優子をそのまま家に泊め、優子のほうもお礼として毎日料理をふるまう。何やってんだこいつら……というところで輪王寺門跡から呼びだしがかかり、一同揃って出かける。

門跡、最初に聞かれたときは嘉門をひっぱたくばかりだったのだが、急に思い出したのはやはり

以前はボケてたのか。と思ってしまうくらい延々とボケ老人のような無意味な長広舌をふるうのだが（宝田明がカメラを回してると回してるだけアドリブをかますので、好きなだけ喋らせてあとで適当につまんだということらしい）要約するとどうやら例の紙に書かれた文句は先々代の門跡によるもので、一九九九年に輪王寺が世界遺産登録を果たした記念で二千人集めての大法要が開かれた際におこなった講話の一節を書き写したものらしい。ということはその法要に出ていた人なのでは……ということで嘉門の娘すみれが伝統工芸士をやってる幼馴染をこき使って探させる。なんで伝統工芸士仲間だとわかり、なぜ二千人の中から見つけられるのか、それは誰にもわからない。そうやって元恋人を見つけだして、感激した優子が嘉門の求愛に応え……るのかと思ったが、もちろんそんなことはなく心残りを解消した優子は嘉門に恋人を紹介して延々続いたおさんどんはいったいなんだったのかという疑問だけを残して映画は終わっていくのである。

※1　東宝の大スター宝田明
一九三四－二〇二二年。一九五三年の東宝ニューフェイス第6期生として俳優人生をスタートさせる。『ゴジラ』第一作で初主演を演じ、トップスターとなった。そのほかに007ブームに便乗したアクションコメディ『百発百中』や日米合作SF『緯度0度大作戦』、小津安二郎監督『小早川家の秋』など代表作多数。ミュージカルや舞台、テレビドラマなどでも幅広く活躍した。なお宝田明の遺作映画なるものが複数確認されているが、本作がいまのところ最後だろうか。

※2　『世の中に絶えて桜のなかりせば』
『皆殺し映画通信　死んで貰います』五二頁参照

暴力団を追いだした兵庫県丹波市が、組事務所の土地建物を映画館として改装。その顛末を描いたこの映画のターゲットは東京都民千二百万人！

『銀幕の詩』

監督・脚本＝近兼拓史　撮影＝畠岡英隆、近兼拓史　主題歌＝ワタナベフラワー　テーマ曲＝KAZZ&柿原千春　ナレーション＝島本須美
出演＝柴田由美子、松岡智子、一明一人、とみずみほ、澤田敏行、サニー・フランシス、くっすんガレージ、きくり

それは恐竜で町おこしでおなじみ兵庫県丹波市から届いた一風変わったニュースであった。二〇一四年、暴力団追放運動によって地元自治会は山口組系の暴力団を市内から追いだしたのだが、その際に組事務所の土地建物を購入した。使い道に困っていたこの建物を、二〇一七年に当地にゆかりのある映画監督近兼拓史氏の提案で映画館として改装することになり、二〇二一年についにヱビスシネマ。としてオープンした。その顛末を描いたのが本作『銀幕の詩』なのである。

そう、もちろん近兼拓史監督とは『たこやきの詩』[※1]などで知られるジェネリック映画[※2]（＝〈下町の詩〉シリーズ）の雄。『恐竜の詩』[※3]に引き続いての丹波市発映画となる。もちろん完成した映画はヱビスシネマ。で上映。なのでヱビスシネマ。で鑑賞したいのはやまやまだったのだが、どうしても都合がつかず神戸の映画館での鑑賞となった。だが見ているとやはりヱビスシネマ。に行けばよかったと悔やまずにはいられない。映画の中に、

「丹波市民六万人だけでは映画館は成り立たない。ターゲットは東京都民千二百万人だ！　キーワードは〝シネマ旅〟、東京から往復三万円使っても来てもらえる映画館を目指すんや！」

てなセリフがあったからである。やはりこの映画、ヱビスシネマ。で見なければならなかった。

「大変だ大変だ〜」と棒読みのセリフで騒いでいるのは丹波市役所総合政策課の柴田課長（**柴田由美子**）と松岡主任（**松岡智子**）のコンビ。一明係長（**一明一人**）を引き連れて向かった先はサニー市長（**サニー・フランシス**）の執務室だ。新聞記事を手に飛び込むと、

「大変です！　暴力団が進出してきました！　このままだと丹波市が乗っ取られてしまいます！」

　丹波市にやってきたのは広島の広域暴力団傘下の星屑一家（くっすんガレージ）[※4]。「変な乗り物をこしらえて、ひどくゆっくり市内を走りまわるYouTubeをシノギにしてるヤクザ」ってなんなんだと思ったが、くっすんガレージがそういうYouTuberであるらしい。アフロのかつらをかぶって電動機付きキックボードを乗りまわし、カメラを回している星屑一家を見た子供たちはその真似をはじめ、親たちは教育に悪いと頭を抱える。このままでは町中の子供がアフロになってしまう……と危機感を抱いた市役所側は一明係長に全責任を押しつけて星屑一家と交渉させる。かつて明智光秀の丹波攻めを撃退した猛将赤井忠家の四天王の一人「柳腰の一明」の血を引く一明の交渉術ならいけるだろうと柴田課長が勝手に見込んだのだが、すると見事組長は一明の度胸に感じて、市側の言い値で組事務所の土地建物を手放すことを同意する。いや一明係長はひたすらビビってるだけでどこらへんが柳腰で交渉してるのかさっぱりだし、そもそも迷惑YouTuber程度のヤクザに反対運動なんか必要なのかという話なのだが、ここらへんは本当にヤバい話には踏みこめないしそもそもそんな気もないジェネリック映画チームが作ったコメディもどきなので、まあ半笑いであらすじだけ見ていればよろしい。しかもここまでの三十分足らずで暴力団は退場してしまうのだ！

　そういうわけで以下、跡地の活用に悩んだ一明係長が、暴力団事務所のあった成松地区がかつて映画街であったという縁から映画館に転用するというアイデアを思いつき、事務所のすぐ裏にあた

る場所にあった戎シネマの名をいただいてヱビスシネマ。として約五十年ぶりに丹波市に映画館を復活させようとする顚末が語られる。ここからはセミ・ドキュメントとなって、実際のヱビスシネマ。の建設時の映像も織り交ぜつつ、開館までのドタバタが描かれていく。

映画ファンではあるが実際の映画館運営のことなど何も知らない一明だが、そこで丹波の伝説の映写技師と言われた戸水のオヤジ（**戸水章二**）が本屋をやっていることを知り、彼の元を訪ねる。すでに皆わかっているのだが、この映画、登場人物はほぼ本名（芸名）そのままで登場し、ほぼ自分自身として役を演じている。もちろん戸水章二氏は元映写技師などではなく、近兼監督の〈下町の詩〉シリーズの常連役者としてすっかり馴染んだ顔である。

断られても断られても粘り腰で頼みこむ一明係長に「おまえさんには負けたわ」と使い古しのセリフとともに協力してくれることになる戸水のオヤジ。ただし自分が館主になるのは無理なので、音響に詳しく神戸のライブハウスで働いているという息子きくり（**きくり**）にやってもらえるなら協力するにやぶさかではない。つまり若い息子に汗をかかせて自分は院政をしこうという。以下、「シネマ旅」から「真空管を使った映画館」まで、オヤジの構想を頑張って実現すべく息子きくりの大奮闘。なお、きくりはアカペラグループPermanent Fishの一員として〈下町の詩〉シリーズではこれまたお馴染み。

さまざまな紆余曲折の末、クラウドファンディングからスクリーン命名権セールスまでやって、ついに映画館は完成する。こけら落としのイベントでは〈下町の詩〉シリーズの女優**とみずみほ**が、かつての戎シネマへのオマージュとして浴衣姿で「おせんにキャラメル売り」をつとめる。まるでジェネリック映画そのもののおままごとめいた映画館で見たとき、はじめてジェネリック映画は完成するのだといえる。だからぜひ、次回こそは「シネマ旅」を実現したいものである。

※1　**『たこやきの詩』**
『皆殺し映画通信　冥府魔道』一九二頁参照

※2　**ジェネリック映画**
近兼拓史監督は、社団法人ジェネリック家電推進委員会代表理事である。監督第一作『たこやきの詩』がジェネリック家電メーカーYAMAZENによって作られた縁もあり、以後の映画でも困ったときはジェネリック家電が登場し、ピンチを救ってくれるジェネリック家電映画推進映画となっている。

※3　**『恐竜の詩』**
『皆殺し映画通信　お命戴きます』一〇二頁参照

※4　**くっすんガレージ**
広島の会社KGモーターズのCEOで超小型EVを開発している楠一成のYouTube番組。「楽しさを追求したモビリティで脱炭素社会を実現する」という思いで、世界に通用するEVメーカーを目指して、電動モビリティの開発を進めており、その開発過程をYouTubeで発信している。映画に登場したのはこの超小型EV。

銚子電鉄百周年記念映画！
だが、銚子電鉄はほとんど関係ない、ぬれ煎餅推しでも観光映画でもない謎映画

『散歩屋ケンちゃん』

監督・原案＝寺井広樹　脚本＝ビッグ錠、前田郁、寺井広樹　撮影・編集＝曽根剛　音楽監督＝林有三　主題歌＝友川カズキ
出演＝いしだ壱成、石田純一、ビッグ錠、佐伯日菜子、友川カズキ、古川杏、SEKIDAI、辛酸なめ子、瑚々、日野日出志

　銚子電鉄百周年記念映画！　えーまた銚子電鉄。ここで銚子電鉄発の映画をとりあげるのは『電車を止めるな！〜のろいの6.4㎞』[※1]、『トモシビ　銚子電鉄6.4㎞の軌跡』[※2]に続く三本目。運賃収入ではやっていけない貧乏鉄道という売りが奏功してマスコミに取り上げられるようになって、ちょっと調子に乗ってるんじゃないの？　こんな映画作っても、赤字解消には貢献しないんだぞ！　と思っていたら、劇中でも、

「映画作るより、お菓子売ったほうが金になる」

と言ってた！　わかってるんじゃないか！　そういうわけで銚子電鉄大フィーチャーかと思いきや、映画の中でも銚子電鉄はほとんど関係なくて、もっぱらオーバーオールに野球帽という小学生みたいな格好をした**いしだ壱成**が駄々をこねまくる謎ストーリー。ぬれ煎餅[※3]推しでも観光映画でもないとなると、なんでこんな映画が作られてるのか、真剣にわからない……。

　銚子に住む洗濯屋のケンちゃん（いしだ壱成）は洗濯だけでは生計が立たないから、と証明写真撮影をはじめよろずなんでも請け負っている。今日もいきつけのスナック・キャンディの無駄に美

人なママ（**佐伯日菜子**）から犬の散歩を頼まれ、嫌々ながら引き受ける（余談ながら、犬の散歩に糞を始末する道具を何も持参していないのはどうかと思った）。犬の次はゾウガメの散歩をさせられるケンちゃんだが、それを見た友人から偏屈な父親（**友川かずき**）を散歩させてくれるように頼まれる。文句を言いながらもやってるうちに、これはこれで美味しいかもと思いはじめたケンちゃん、「散歩屋」の看板を出すようになる。小学生ファッションのケンちゃんだが、別に純真だとかそういうことではなく単に怠惰で人並み程度にずる賢く、なんとなくで何でも屋をやっているだけの男という設定。自分と母を捨てたグルメ漫画家の父親ゆでぷりん（**石田純一**）のことは今も許していない。なお、ちなみにゆでぷりんの描いていたグルメ漫画、プリンにカレーをかけて「プリンは文化だ！」って言うという……そういうギャグが面白いと思う人向けの映画ということですね。

そんなわけで散歩屋となったケンちゃんのところに、引きこもりの息子を散歩に連れ出してくれ、との依頼がある。いやそもそも自室から出てこない引きこもりを家の外に連れ出して、見ず知らずの相手と散歩で会話ってどれだけハードル高いのかと思うが、延々とドアの前で「もう前金でスナックのつけ払っちゃったから出てきてくれないと困るんだよ～」などと知らんわそんなもんとしか答えようのない愚痴をぶつけつづけた甲斐あって、息子（**後藤亜蘭**）が部屋から顔を出す。さっそく引きこもりになったきっかけを聞いてみると、実は父親が詐欺師に騙されて大金を失い、それを苦にして自殺したことだという。犯人はわかっており、指名手配もされているのだが、まったくつかまらない。この世に正義はないのか……絶望の結果引きこもった息子だったが、その話を聞いたケンちゃん。ん？　指名手配……！　と何かを思いつく。

これまで「証明写真ガチャ」と称して自分の撮った証明写真の余りを勝手にガチャポンに入れて売っていたケンちゃん（実在の「証明写真ガチャ」は製作会社社員ほか写真使用を了解済の人の肖

像写真で作られている）、指名手配写真を集めたガチャポンを作って世間に啓発しようと「リアル指名手配ガチャ」をはじめたのだ。この思いつきは大当たりで銚子の町に一躍指名手配写真ブームが巻き起こり、女子高生が指名手配写真を求めて行列を作る。しまいにケンちゃんもテレビで取り上げられる始末。一方で喜ぶ人ばかりではなく、「遺族の気持ちも考えて、さっさとこんなことやめてください！」と文句を言いに来る被害者遺族（**辛酸なめ子**）もいれば「俺の肖像権はどうなってるんだ！」とクレームをつける指名手配犯もいる。クレーム犯人はあえなく逮捕されたので、ケンちゃんの名声はいやがうえにも高まる。そして一人、焦った様子で人目を避けながらガチャを回しつづける男がいるのだが……。

だが、ケンちゃんがテレビに出たおかげで思いがけない事態が起こる。テレビでインタビューされるケンちゃんの姿を見た父が里心を起こし、会いたいと連絡してきたのである。飲み屋で電話を受けるもけんもほろろに叩き切るのを見て、ママや常連客の紙芝居師佃（**ビッグ錠**）からいさめられる。反省してようやく父の家を訪れるも父は世を去ったあとであった。あとには犬吠埼灯台を舞台に親子の最後のふれあいを描いたコミック（ビッグ錠画[※4]）が残されているだけだった。それを見たケンちゃん、しばし父のことを思って黙禱……かと思いきや、

「この印税、全部ぼくのものですよね？」

そう、そのコミック、出版するといきなりベストセラーになり、ケンちゃんは大威張りでサイン会までしている（なぜ？）。だがそこにいきなりあらわれたのが父の娘。遺言書を突きつけて「印税は私のものよ！」と宣言する。すべてを失ったケンちゃん、とぼとぼと帰ってガチャの補充をしていると、後ろからハンマーを手に近づく女性が……そうクレーマー辛酸なめ子！　辛酸なめ子の一撃を頭にくらって、ケンちゃんは路上にばったりと倒れたのだった……合掌！

えっ!?

その図が漫画に変わり、

「それじゃあ売れませんよ」

「駄目かなあ〜じゃあ映画にすれば！」

と言うのはビッグ錠（本人役）。ここまでの話全部ビッグ錠が描いた漫画だったの？　なお、「指名手配ガチャ」を必死で回していた詐欺師は佃だったという種明かしがあったのだが、いったいどんなつもりでケンちゃんをいさめていたりしたのかはさっぱりわからず、劇中に登場する漫画すべてと紙芝居まで描いてご苦労さまなビッグ錠先生である。どんな顔で見ればいいのか最後までよくわからなかったが、『包丁人味平』[※5]に心震わせたことがある人は見に行ってもバチはあたらないか。銚子電鉄では「プリンカレー」の商品化も考えているようだけれど、それよりは「指名手配ガチャ」を実現していただきたい。それがあったら銚子までガチャ回しに行きます！

※1『電車を止めるな！〜のろいの6.4㎞』
『皆殺し映画通信　地獄へ行くぞ！』一七〇頁参照

※2『トモシビ　銚子電鉄6.4㎞の軌跡』
『皆殺し映画通信　骨までしゃぶれ』九八頁参照

※3　ぬれ煎餅
銚子電鉄名物ぬれ煎餅。乗客数の減少や行政からの補助金の打ち切り、社長の横領発覚、国土交通省監査の指導による改善や修繕の指導が続き、二〇〇六年頃の銚子電鉄は、倒産の危機に瀕していた。必死の思いで、数年前に発売していた「ぬれ煎餅」の購入をウェブサイトで呼びかけたところ、全国から注文が殺到、爆発的に売れ、危機を脱することができた。ぬれ煎餅が起こした奇跡として語り継がれている。

※4　ビッグ錠
一九三九年大阪府生まれ。本名佃竜二。高校在学中に貸本漫画家としてデビューするも、その後泣かず飛ばずの時代が続き、一度はマンガを諦める。が、漫画原作者牛次郎と組み、七一年『釘師サブやん』、七三年『包丁人味平』と大ヒットをとばす。料理勝負漫画の元祖。

※5 **『包丁人味平』**

原作・牛次郎、漫画・ビッグ錠。一九七三年から一九七七年にかけて『週刊少年ジャンプ』（集英社）に連載された。料理勝負漫画の元祖。アクロバティックな料理勝負の連打で読者を釘付けにしたが、登場する料理人がどうも味のことを考えていないように見えるのが困りもの。

制度の問題を延々と論じてるだけで、なあなあにしてやりすごしつづけるかぎり、技能実習制度は決して変わらないよ

『縁の下のイミグレ』

監督・脚本＝なるせゆうせい　原作・原案・監修＝近藤秀将　撮影＝佐藤雅樹　制作プロデューサー＝堀内博志
出演＝ナターシャ、堀家一希、中村優一、猪俣三四郎、マギー、ラサール石井

リフレ派女子高生が大人を論破するリフレプロモーション映画『君たちはまだ長いトンネルの中』[※1]でおなじみなるせゆうせい監督、今度は技能実習生問題に挑む！　近藤秀将『アインが見た、碧い空。あなたの知らないベトナム技能実習生の物語』を原作に、技能実習制度の実態とその問題点をあぶり出す社会派映画である。例によって問題意識は疑うべくもないが延々と演説しているだけなのでそれで説得される人はもともとの信者だけだろ、と言いたくなるディスカッション映画なのだが今回はさらにすごく、映画は最初から最後までほぼ司法書士の応接室一室で議論してるだけのワンルーム映画！　実際には主人公が空港に着くシーンからはじまるので完全なワンセット映画というわけではないのだが、ほぼワンルームで展開してしまう驚きの低予算ぶり。で、その狭いところで議論してるのはいいのだが、いくら論破しても信者が同意するだけで世の中は何も変わらない……という思いにとらわれてしまったのか、ニヒリスティックな結論に到達してしまって、それじゃ善意も台無しだよ……。

某国からやってきた技能実習生ハイン（**ナターシャ**）を迎える監理団体の西村（**ラサール石井**）。

日本で稼いで実家に仕送りを……と夢見るハインだったが、それから数ヶ月後……。「近藤行政書士事務所」の扉を恐る恐るノックするハインと金髪の青年土井（**堀家一希**）。実習先の企業から三ヶ月も給料未払いを受けて、藁にもすがる思いで行政書士の無料相談を受けに来たのである。行政書士近藤（**マギー**）は何も聞かずにいきなり土井にデリヘルの開業の仕方を説明しはじめ、勘違いだとわかると新人新垣（**中村優一**）に相談を押しつける。有能で毒舌な男という性格づけのようなのだが、これは普通にセクハラである。以後、日本語が怪しいハインの訴えを元青年協力隊で現地で知り合ったというハインの友人、土井が新垣に向かって通訳し、そこに近藤が割って入って快刀乱麻（というよりは傍若無人）に切りまくるという展開が続く。途中から外国人労働者導入に積極的で技能実習制度にも肯定的なおバカ二世議員野々村も登場し、近藤にさんざん馬鹿にされる。

以下、近藤が無知な新垣や土井に技能実習制度にまつわる問題点をレクチャーすると、土井が鸚鵡返ししたり、相槌を打ったり、驚いてみせたりするわけだが、ほぼ一本道なのでいちいちつきあっていてもしょうがない。映画ではそもそも行政書士がこの問題にどう関わっているのかというところからはじまり、技能実習制度にまつわる問題が、建前となる公式の説明と現実の状況とに分けて順次説明されてゆく。該当国からの「送り出し機関」、受け入れる日本側の「監理団体」それぞれがマージンを取るために技能実習生が実際に受け取る賃金はわずかにならざるを得ないこと（ここで土井が驚く）、そもそもハインは借金を抱えて日本に来ていること（ここでまた土井が驚く）、さらには監理団体を通さない「特定技能」について。土井は驚き呆れ、「そんな制度なんてなくしたほうがいい！」と口走る。そこで近藤、満を持してカメラ目線で、

「きみもだよ。きみもこの問題の一部なんだ！」

と告げるのだ。つまり「人々が安いものを欲しがる〝デフレマインド〟に毒されているかぎり、賃金はあがらないし、必然的に安い労働力を求めて技能実習生のようないびつな制度を作ってしまう」のである。我々一人一人が「デフレマインド」から脱しないかぎり。「終わってるなこの国」と吐き捨てる近藤。

いやしかし、これおかしくないですか？　消費者が安いものを求めるのは当たり前だろう。技能実習生制度のいびつさは、安価な外国人労働力は欲しいが移民として受け入れるのは嫌だという日本人の都合のいい考えから生まれたものであり、きちんと正面から移民労働を受け入れるなら（それにまつわるさまざまな問題にも向かいあうとして）解決する話である。はからずも「デフレマインド」と戦う女子高生の声が混ざっているような。

未払いの件を聞いた近藤は、「監理団体」にハインの名を伏せて電話する。するとただちに監理団体から西村が乗り込んでくる。

「どうせハインだろ！　あんたらはハインの言うことだけ聞いて信じてるのかもしれないが、客観的に見てハインにも問題はある！」

どうやらハインは日本語が満足にできないために指示が理解できず、仕事が滞っていたらしい。「送り出し機関」による日本語教育が不十分だったのだが、彼女の態度にも問題があるのだ、と西村は主張する。しまいに、

「これは現代の奴隷制度なんだ！　この日本の安さは外国人の奴隷で支えられてるんだ！」

西村も近藤も、技能実習生制度が矛盾だらけで外国人労働者の人権を無視した制度だということはわかっていながら、「食っていくためにはしょうがない」とそこに参加してしまう。ニヒリズムが勝利してしまうのだ。まあ制度の問題を個人に還元してはいけないんだが、だったらさっきのデ

フレマインドの話はどうなんだというね。

たしかに受入企業にも問題がある（要するに、関係者全員問題だらけだということである！）と認めた西村。

「ハインのためにいい仕事を探してきてあげたんだ……山奥で自然の中で、煩わしい人間関係も抜きで仕事できて、まかない飯が最高！」

それが屠場だと聞いて猛反対する土井。

「どうしてだ！　屠殺は立派な仕事だぞ！」（映画内台詞ママ）

そのとおりですね。技能実習制度の成功例にならって、故郷に錦を飾りたいというハインは、どんな仕事でもやるという。そこで新垣から提案。

「お二人は結婚する気はないですか？　配偶者ビザなら……」

ハインのことを憎からず思っている土井はまんざらでもないが、ハインは「いえ、結構です！」ときっぱり拒絶。土井がっくり。まああたりまえで、こいつら誰一人としてハインのことを考えてない。ただ制度の問題を延々と論じてるだけなのだ。

最後、ハインがついに全員に向かって本音を（母国語で）毒づき、それを土井が当たり障りのない言葉に訳して聞かせるのだが、いやまさにそういうことじゃないか、と。ハインは一方的な犠牲者などではなく、このクソ制度の中でたくましく生き抜こうとするしたたかな存在なのだが、誰もそのことを知らないままなのだった。そしてこういう態度で——土井のように当たり障りのないかたちに翻訳してなあなあにしてやりすごしつづけるかぎり——制度は決して変わらないよ、とも思うのである。

※1 『君たちはまだ長いトンネルの中』
『皆殺し映画通信　死んで貰います』八五頁参照

達人たちによる本物のアクション映画……のはずだが、
中身は、常識的なツッコミはすべて無効となるオカルト・ホラー・アクション

『叢雲〜ゴースト・エージェンシー』

監督・脚本＝原田光規　撮影・照明＝古谷巧　音楽＝宮井英俊　主題歌＝5%BERMUDA
出演＝浅井星光、虎牙光揮、白川竜次、北川貴英、黒石高大、秋山莉奈、山口大地、脇知弘、藤井ダイスケ、ANGELLA、ファンマユミ、モロ師岡

これはいったいどういう映画なのか？　主演で製作もつとめる「浅井流鞭拳空手継承者」**浅井星光**[※1]が映画の中心人物であることはまちがいなく、さらに加えて「合気道神武錬成塾道場長」**白川竜次**[※2]と「システマ東京代表」**北川貴英**[※3]が出演し「その道の達人たちによる本物のアクション映画がここに誕生！」と書いてあるのだからカラテ・アクション映画になるだろうと思うのだが、中身はなぜか亡者をあの世に送り返す道士が活躍するオカルト・ホラー・アクションなのだった。なんでこんなことになってるの⁉　ちなみにパンフレットによれば漫画家小山ゆう氏[※4]が『AZUMI－あずみ－』制作中に「針で瞬時に人を壊す方法」を浅井星光氏に訊ねると、「幼少の頃より空手家のお父上から、人間の破壊の仕方を教わって育った」星光氏は「相手の背が高い時、まず指で相手の目を払うと相手は反射的に前かがみになるから、そこに捻りを入れながら刺します」と即答してくれたという。拳法家というよりは暗殺拳の使い手なのか……？　だが格闘系YouTuberとしても有名だというし……謎また謎の浅井星光氏なのである。

それは七年前。刑事である叢雲流空手継承者の叢雲凛子（浅井星光）の娘アゲハが誘拐された。

屋上で誘拐犯の土蜘蛛（**虎牙光揮**）と対峙する凛子。あ、ちなみに土蜘蛛と叢雲流は数百年の歴史の裏に蠢く陰と陽、闇と光で対立する云々……みたいな説明があります。いざ功夫対決、と思いきや、いきなり銃を抜いて土蜘蛛を射殺してしまう凛子。えっ！　屋上で縛られていたアゲハは救急隊員に保護された……。

七年後、射殺の責任を取って警察を辞職、私立探偵となっている凛子。行方不明の娘を探しつづけているが、もうすぐ死亡届を出せる七年目になろうとしている……って？　これ説明がないので理解するまで時間がかかったのだが、救急隊員と思われたのが偽物で、アゲハはそのまま何者かに誘拐されてしまったということらしい。その場に凛子も警察官もいたのに誰も付き添わなかったのか!?　そういう常識的なツッコミはすべて無効になるすごい映画だ！　この映画、必要な説明は一切ないくせにいらん部分だけはしつこく説明してくるからよくわからない。

今日も今日とて雑誌社からの依頼で人気タレントのデート現場を押さえるために張り込んでいる凛子。予定通りタレントがあらわれた……が凛子は不審な動きを見かけて倉庫に向かう。暴走族上がりのチンピラ二人組「ジャンクマンズ」が半グレ集団プラム商会を襲ったのである。そこに殴りこんだ凛子、格の違いを見せつけてジャンクマンズを叩きのめすが、二人組は半グレのリーダーを拉致して撤退する。そこは人身売買組織のアジトであり、首に針のようなものを刺された死体が発見された。周囲の監視カメラを調べた凛子の元部下クマは、人身売買組織のアジトにアゲハの誘拐犯一味の（**秋山莉奈**）がいることを発見する。

だがとりあえず凛子には行方不明のチラシを配るくらいしかやることがない。歩いていると河川敷にテントを張っている女道士麗華（**ANGELLA**）と宥廷（白川竜次）の兄弟と出くわす。二人は台湾からやってきたが、持ち物を盗まれて河川敷でホームレス暮らしをしていたのだという。凛子の情報屋をしているホームレスのサブちゃんが霊に取り憑かれているのを祓った麗華に、凜子は「大使館に行くのよ〜！」と声をかけて別れるのだが、台湾人が行くべきなのは大使館じゃなくて駐日経済文化代表処だよ！

一方、凜子の弟弟子である叢雲流富士峰師範代（**藤井ダイスケ**）の道場に斑尾知朱（**ファン・マユミ**）と名乗る少女があらわれる。ふてぶてしい態度で富士峰に他流試合を求める少女、互角の戦いを見せるも「この体ではここまでか……」とひとりごちる。さてこの少女の正体は？

謎の女がかかわる人身売買組織を追っていた凜子、クマから本部の場所の情報を得て殴りこむ。そこではジャンクマンズがプラム商会のリーダーを拷問していた。そこに乗りこんできたのが斑尾知朱を連れた謎の女。そう、知朱はもちろん十四歳のアゲハ、死んだはずの土蜘蛛の霊が乗り移っていたのだった。土蜘蛛はアゲハの身体を捨て、ジャンクマンズに乗り移る。だが、そこにさらにあらわれたのが道士二人組。強い肉体を手に入れた土蜘蛛とも互角の戦いをくりひろげる二人だが、麗華は難病で血を吐く身。さらに土蜘蛛は宥廷に乗り移ってしまう。宥廷は乗り移った土蜘蛛を封印する力を持っているのだが、そこで土蜘蛛の誘惑に乗ってしまい、みずからの拳法に土蜘蛛の力を合わせた最強武術師として君臨することを決意する！

登場人物たちがなぜか一同に介し、凜子がついにアゲハを取り戻すクライマックスなのだが、なぜか混乱したまま決着はつかず。そもそもこの映画、どうでもいい脇筋までいちいち説明していくのが問題で、ホームレス道士のエピソードとかなんなのという話だし、途中に出てくる斑尾保育園の話などまったく必要ないと思われる（のでここでは省略してしまった）。そのおかげで悪霊化した土蜘蛛が何をやりたかったのか、人身売買組織を使って何をやっていたのか、なぜ彼だけが悪霊化して他人に乗り移ったりできるのか、などという肝心要の部分がまったく語られないままになってしまうのだ。映画は最後にようやく土蜘蛛と凛子の対決があるのだが、どういうモチベで見ればいいのかいまいち盛り上がらないまま（宥廷＋土蜘蛛の最強功夫って言われてもね）。富士峰の依頼で凛子が演武を見せる場面だけはちゃんと鞭拳してました。子供を探すとかより、普通に暗殺拳の使い手ということでよかったんじゃないかと……。

※1　**「浅井流鞭拳空手継承者」浅井星光**
台北生まれ。最後の伝説といわれた空手家・浅井哲彦と台湾の女優・陳恵珠の一人娘。俳優・演出家、武術家として活動。父浅井の鞭拳、白鶴拳、詠春拳をベースにした独特の武術スタイルが注目され、自らがアクション女優として活動するかたわら、宝塚歌劇団や二・五次元作品など数々の作品でアクションコーディネート・タレントのアクション指導なども務めるなど、多方面で活躍中。

※2　**「合気道神武錬成塾道場長」白川竜次**
東北最大の会員数を誇る合気道塾の塾長。塾の創設者である父白川勝敏から幼少時より合気道を学び、現在は指導員として活躍中。二〇一三年十月にロシアで開催された合気道の世界大会（ワールドコンバットゲームズ）では日本代表（全日本合気道連盟代表）として演武を行った。華麗な技が海外でも高く評価されており、一年のうち三ヶ月は海外指導にも赴く。SNSの総フォロワー数は七十万人以上、世界がもっとも注目する合気道家のひとり。

※3　**「システマ東京代表」北川貴英**
システマとはロシアの軍隊格闘術。旧ソ連・ロシア兵たちが用いていた古代ルーシの格闘術を、元内務省特殊部隊（スペツナズ）のミカエル・リャブコが体系化した。近年は世界的に護身術としても人気がある。北川は、二〇〇八年、モスクワにて創始者ミカエル・リャブコより公認システマインストラクターとして認可された。また、カナダで世界初のシステマスクールを創設したリャブコの高弟ヴラディミア・ヴァシリエフからも継続的にトレーニングを受けている。現在は「システマ東京」を設立、システマの紹介と普及に努めている。

※4　**漫画家小山ゆう**
一九四八年静岡県生まれの漫画家。代表作に『おれは直角』『がんばれ元気』『お～い！竜馬』『あずみ』など。高校卒業後、上京しアニメーターのバイトを一年したのちに、「さいとう・プロダクション」で漫画アシスタントをする。漫画家になる決意をかため、一九七三年『週刊少年サンデー』に掲載の『おれは直角』にてデビュー。一九九四年から『ビッグコミックスペリオール』で連載が始まった『あずみ』は小山ゆう念願の剣豪もので、続編『AZUMI－あずみ－』とあわせて全六十六冊の大作となった。文化庁メディア芸術祭マンガ部門優秀賞受賞し、上戸彩主演で映画化、黒木メイサ主演で舞台化もされた。映画『あずみ』では、浅井星光が武術指導及び主人公あずみの武術モデルも務めた。

綾瀬はるかのスローなガン・アクション。女性陣の弾は百発百中、バタバタ倒されていく烏合の衆の帝国陸軍。帝国陸軍と日本映画の未来が心配

『リボルバー・リリー』

監督＝行定勲　脚本＝小林達夫、行定勲　撮影＝今村圭佑　音楽＝半野喜弘
出演＝綾瀬はるか、長谷川博己、羽村仁成、シシド・カフカ、古川琴音、清水尋也、ジェシー、佐藤二朗、吹越満、内田朝陽、板尾創路、橋爪功、石橋蓮司、阿部サダヲ、野村萬斎、豊川悦司

綾瀬はるかがリボルバー片手の殺し屋を演じるハードボイルド・アクション……と言いたいところだが世にもどんくさい本年の「勿体ぶり映画オブジイヤー」を進呈したい一本。綾瀬はるかのガン・アクションがあまりにスローでびっくりするのだが、なんせ霧の中、棒立ちで突っ立って銃を握った手を突き出してゆっくりと踊るように回る。こんなのんびりした銃撃戦見たことないよ！軍隊に追われて壮絶な銃撃戦をくりひろげながら幼い少年を安全な場所へ送り届けるという百万回見た『グロリア』[※1]展開なのだが、帝国陸軍の未来も日本映画の未来も心配になる一本なのだった。

内務省の特務機関所属の秘密工作員小曽根百合（綾瀬はるか）は国内外の要人を五十名以上も暗殺した凶悪な暗殺者として恐れられていたがある日忽然と姿を消す。時はくだって一九二四年、熊谷では謎の男たちが一家を襲い、軒下に隠れていた子供慎太（**羽村仁成**）一人が生き残る。男たちに追われる慎太は東京行きの鉄道に乗りこむが、そこで追っ手に見つかってしまう。絶体絶命の瞬間、割って入った綾瀬はるかがいきなり車内で棒立ちになって銃撃戦（乗客があまり騒がないのが日本映画らしいと言うべきか）の末、少年を救いだし、列車から飛び降りて逃げるのだった。

寡黙で笑わずぶっきらぼうに命令する綾瀬はるかがジーナ・ローランズばりにハードボイルドかというと、まあそこはそれ。検問で少年をとらえようとした兵士をたちまち撃ち倒し（なお、もう殺人はたっぷりやったので、峰打ちというか急所をはずして殺さないように撃っているというのだが、そんなきちんと戦闘不能になる場所を選んで撃てるものなのか、苦しめる分にはかまわないという態度もどうかというか）トラックを奪うが、しばらく走ったところで乗り捨てて森の中を歩く。そこではじめてどこへ行くつもりなのかと少年に訊ねると、

「玉ノ井[※2]の小曽根百合という人を訪ねろ、とお父さんに言われた」

それは自分ではないか！　と驚く百合。てか驚くのはこっちである。じゃあ同じ列車に乗って少年を助けたのはまるっきりの偶然だったの？　そんなご都合主義な話ある？（一応百合は一家惨殺事件のことを調べに熊谷に来ていた、という理由はある）だが、この話のご都合主義はまだまだこんなもんじゃない！

そのまま二人が森の中を歩いていくと謎の工場がある。そこで遭遇した工員をとらえると、そのまま彼を連れて船に乗りかえ東京へ向かう。と、そこを陸軍部隊に襲われる。そう、子供を襲った謎の男たちというのは陸軍所属の兵士だったんですね。例によって棒立ちから爆弾を投げて伏せる（この映画、伏せさえすれば銃弾が絶対当たらないシステムなので、綾瀬はるかはひたすら棒立ちから地面に伏せるのをくりかえす）。そのまま岸に着くと、工員がいきなり正体をあらわして少年を人質にとり、少年が父から預かった書類を奪う。百合が「卑怯者め。軍隊ともあろうものが……」と負け惜しみを言うと「俺は軍隊じゃない。あんたの後輩さ」とうそぶくこの男（**清水尋也**）、どうやら百合と同じ「幣原（しではら）機関」で養成された暗殺者であるらしいのだが、そもそも百合はなんでこいつを連れてこなければならなかったのか？　工場で会ったとき、縛るかなんかして無力化して

おけばよかっただけではないか。無理やり連れてきて、勝手に裏切られてライバル関係とか言われてもね……。

さて、そういうわけで本拠地・玉ノ井に戻ってきた百合。出入りの弁護士の岩見（**長谷川博己**）に少年の父、細見欣也（**豊川悦司**）とは何者かを探るように求める。なぜ彼は自分の名前を知っており、子供を自分に託そうとしたのか？　海軍士官学校の出身である岩見は陸軍の元将軍マッサン（**橋爪功**）や海軍の山本五十六大佐（**阿部サダヲ**）らに会って調査を進める。細見は実は財テクの天才であり、海外の株式市場で陸軍の隠し資金を運用していたらしい。彼が溜めこんだ陸軍の秘密資金は一億六千万円。帝国陸軍はこれを大陸での戦争に使うつもりだった。だが、細見はその金を持って逐電したのだという。上海の隠し口座を開くキーは少年が持っている。陸軍は隠し資金を取り戻すべく、「総出でこっそり」少年を追いかけていたのだった。というわけで小沢大佐（**板尾創路**）の命令で、**ジェシー**大尉率いる部隊が少年を捕まえようと百合に銃弾の雨あられを降らせるのだった。

以下延々と銃撃戦が続くのだが、帝国陸軍は次々に大軍を繰りだしては百合のリボルバーに「峰撃ち」されて敗退してゆく。いや「行けー！」「退けー！」と絶叫する以外何もしないジェシー大尉の指揮に大いに問題があるんじゃないかというのは誰しも思うところだが、それにしても帝国陸軍が弱い。ジェシー大尉率いる部隊は玉ノ井の娼館に数十名の兵を連れて乗りこみ、正面から歩兵銃を撃ちまくりながら、リボルバーを持った百合とウィンチェスター・ライフルを一丁持った元馬賊の娼婦（**シシド・カフカ**）の二人に撃退されてしまうのである。何発撃とうと弾は決して百合たちには当たらず、一方で女性陣の弾は百発百中。一方的にバタバタ倒されていく。しまいに裏返った声で「撤退だ。退けー！」とジェシー大尉が叫ぶと、負傷兵をそのまま放り出して動ける兵だけで撤退してしまう。いくら峰撃ちでも出血多量でくたばっちまうぞ。なんぼなんでもデタラメすぎというか、帝国陸軍烏合の衆すぎるのではないか。

細見が百合を頼ったのはなぜなのかという疑問もあるのだが、それはフラッシュバックされる百合の過去から説明されるまでもなく誰でもわかってしまう程度の「秘密」で、ジェシー大尉の絶叫演技ほどのインパクトもない。さらに謎なのは阿部サダヲの山本五十六をはじめとする謎キャスティングで、あまりに意味不明なのでギャグのつもりなのかもしれない。百合に思い入れがあるようで、慎太少年を誘拐してはすぐ解放するヤクザ平岡組組長（**佐藤二朗**）の暗躍ぶりとかまったく謎なのだが、原作ではこれが重要キャラだったりするのだろうか。そもそも玉ノ井の娼館を根城にしている百合が客取ってるのかどうなのかさっぱりわからないのだが、慎太の解放と引き換えに百合が飲んだ条件ってそういうことだよな。それにしても流れ弾を受けていた玉ノ井の娼婦たちがエンド・クレジットでは「玉ノ井の売女」呼ばわりされていたのはどうかと思ったが。

そんなこんなで襲い来る敵をばったばったと撃ち倒しながら、ついに細見の隠し財産の暗号を解いた百合と岩見、金を海軍に渡すかわりに慎太少年の身柄を保護してもらう密約を山本五十六とのあいだに結ぶ。陸軍から奪った金を海軍に渡してどうなるんだという話なのだが、まあ海軍のほうが合理的で反戦思想だとかいう神話をいまだに信じてるんですかね。ただし五十六は陸軍とことをかまえるのは嫌だから、自力で霞が関の海軍省までやってこい、そしたら保護してやるという無責任極まりない態度。一方の陸軍はよりにもよって宮城の目と鼻の先、日比谷公園に陣地を構えて待ち構える。そんな後先考えていない陸軍部隊に、リボルバー一丁（六発撃つごとに律儀に空薬莢を捨てて弾を入れ替える）の百合が無謀にも挑む！　と言ってもどうせ帝国陸軍の弾なんか当たらないし！（まあ何発かは当たっていたけれど、「もう死なないことに決めた」と言い張る百合には屁の河童だ）しかしいちばん謎だったのは五十六との交渉をまとめたまま海軍省の中にいた岩見が、百合を救うために海軍省から出ていくと、なぜかバイクにまたがって百合の後ろからあらわれ、陸軍の陣地にバイクを突っ込ませて爆発炎上死傷者多数を出して百合の危機を救う場面で、陸軍に気づかれないまま出入りできる裏口があるなら、慎太をこっそりそっちに案内してやれば命のやり取りなんかしないで済んだんじゃないの？　まあそういう素晴らしいアクション映画なのだが、日本では『バービー』[※3]よりヒットしているそうでさらに絶望マシマシ。

※1　『グロリア』
ジョン・カサヴェテス監督／アメリカ／一九八〇年。恋人の身代わりで刑期を終えたばかりのグロリア（ジーナ・ローランズ）は、ひょんなことから隣に住む重大な秘密を売ろうとしたマフィアの会計士一家の男の子を助けることになる。組織は秘密を握っている少年を狙ってくるが、グロリアは彼をつれて一大逃避行を開始する。やがて子供嫌いのグロリアには親心が、生意気な少年フィルには彼女を慕う気持ちが芽生える。

※2　玉ノ井
戦前から売春防止法が施行される一九五八年まで、東京都墨田区東向島にあった私娼街。永井荷風の小説『濹東綺譚』でも知られている。入り組んだ路地が多く、あちこちに「ぬけられます」あるいは「近道」などと書いた看板が立っていたため、永井荷風はここをラビラント（迷宮）と呼んでいた。

※3　『バービー』
グレタ・ガーウィグ監督／アメリカ／二〇二三年。全てが完璧な夢の国バービーランド。世界一有名なファッションドール・バービー（マーゴット・ロビー）と友人たち、恋人のケン（ライアン・ゴズリング）たちはそこで幸せに暮らしていた。ある日、完璧な世界に異変が起こり、バービーはその原因を探るべくケンと人間世界へと旅をする。そこでさまざまな現実に直面したバービーとケンは、迷いながらも自らの欲望に従って人生を歩みだす。シビアな大人のフェアリーテイル。

打ち上げに参加する権利をめぐる戦い……

てかそもそも打ち上げってそんなにしてまで参加したいものなの？

『バラシファイト』

監督・脚本＝開沼豊　撮影監督＝矢崎よしかつ　音楽＝YOSHIZUMI　アクション監督＝シェイン・コスギ
出演＝小澤雄太、寺坂頼我、濱尾咲綺、石崎なつみ、浅野寛介、外岡えりか、石倉三郎、浅野和之、長谷川初範

バラシとは終演後の舞台の撤収作業のこと。そこでは人知れず舞台スタッフ同士のバトルがくりひろげられていた。その戦い＝「バラシファイト」には公演終了後の打ち上げに参加する権利がかかっているのだ！

ってなんだよそれ。そこまでしなければ打ち上げに参加できないのか？　てかそもそも打ち上げってそんなにしてまで参加したいものなの？　主人公は打ち上げに参加する意味を見出だせず悩んでいる舞台監督……いやもうそんなくだらないことやめて四文屋でひとり酒して帰ろうぜ、と言いたくなってしまうのだった。


馬場田孝次（**長谷川初範**）座長公演の千秋楽。演出部のアルバイト有野（**濱尾咲綺**）ははじめての打ち上げに興奮気味だが、演出部のリーダー、舞台監督の巴川（**小澤雄太**）はなぜか浮かぬ顔だ。

「今日、演出部は打ち上げ出ないから！」

と巴川に宣言されて不満顔の若手たち。だが、そこで制作部の武甲（**浅野寛介**）からアナウンス。

「ではただいまからみなさんで殺し合いを……」じゃなく、「本日の打ち上げに出席できるのは一

部門のみとなっております。みなさん、バラシのときに用いる道具のみを武器として、死なない程度に殴りあってください。死者が出た場合は失格となります。では撤収時間までのあいだ、思う存分戦ってくださいね」

　というわけでメイク部がドライヤーで相手の髪を乾かすとか、照明部と音響部がライトとマイクで殴り合うとかいう茶番がくりひろげられる。もちろんみんなキャハハハと笑うし、「メイクと衣装は一体！　あなたのことは誰にも傷つけさせない！」みたいな臍で茶が沸くセリフも盛りこまれて、ほぼ予想通りのスタイル。だがそれにしても人知れずおこなわれていたバラシファイト……みたいな設定を真顔で語られても困ってしまうわけでね。そもそも商売道具を振りまわしたらあかんやろ、とか、死なないまでもたかだか打ち上げごときで怪我してられるか、とか真っ当なツッコミもやってられない思いつきオンリーのアクション仕立て。アクション監督はケイン・コスギ[※1]の弟シェイン・コスギ[※2]だ！

　なので「意外な真相」とか本当にどうでもいいのだが、一応話の行くところを説明しておく。なぜ「バラシファイト」などというものが生まれることになったのか。そもそもは長引く不況下で舞台制作費が減ったのがきっかけだった。自然、打ち上げ参加人数も絞られることになり、下っ端は呼ばれず各部の上の人間だけが打ち上げに出るようになってしまった。そんな状況に不満をおぼえた伝説の舞台監督奈須（**浅野和之**）が実力で周囲をけちらし下っ端を連れて打ち上げに乗りこんだことからバラシファイトが生まれたのである。実は巴川はその奈須の一番弟子としてバラシファイトでも暴れまわっていたのだが、ある日ふとバラシファイトに疑問をもらした奈須が何者かに闇討ちされて死んだことからバラシファイトへの参加を封印したのだった……。

　というわけで物語にはさらに武甲のたくらみとか、ラスボスのプロデューサーとかいろいろ盛りこまれて盛り上がったすえ、ついに参戦することになった巴川は戦いの中でバラシファイトの真の意味と奈須の真意を知るのだった……みたいなことになるのだが、そんなことを知りたかった人間がはたしてどこにいるというのでしょうか。

※1　ケイン・コスギ
一九七四年アメリカ・ロサンゼルス生まれ。アクション映画俳優・武道家。ショー・コスギの長男。幼少期から父親似武術を仕込まれ、スポーツ万能。子役として父と一緒にハリウッド映画に出演していたが、十八歳から日本に戻り、日本の映像業界をはじめ多方面で活躍している。近年の映画出演作に『テラフォーマーズ』『劇場版 仮面ライダーリバイス バトルファミリア』など。

※2　シェイン・コスギ
一九七六年アメリカ・ロサンゼルス生まれ。ショー・コスギの次男。兄と同様の幼少期を過ごし、アクション俳優・武道家として活躍。現在は、ＳＫＩ（ショー・コスギ塾）日本校のスーパーバイザーを務める。そのかたわら、映画『ラストサムライ』などにも出演。

またしても武田梨奈さんそろそろまともなアクション映画に出ましょうよ案件。本当に事務所には企画選びをご一考願いたく……

『尾かしら付き。』

監督＝真田幹也　原作＝佐原ミズ　脚本＝おかざきさとこ　撮影＝吉沢和晃　音楽・主題歌＝Hilcrhyme
出演＝小西詠斗、大平采佳、佐野岳、武田梨奈、木村昴、新内眞衣、土井ケイト、長谷川朝晴

原作は同名のコミック[※1]だそうだが、生まれながらに尻尾の生えている少年と、その尻尾を見て目の色を変える変態少女のフリーク恋愛奇譚……ではなくて、個人的にはまたしても**武田梨奈**さんそろそろまともなアクション映画に出ましょうよ案件。延々と武田梨奈さんの華麗な映画キャリアを追いかけつつ延々と同じことを言ってるわけだが、本当に事務所には企画選びをご一考願いたく……本作は本気で作れば『異形の愛』[※2]的フリーク恋愛譚になってもよかったストーリーなのだが、奇形をメタファーとしてしか考えず、しかも差別的に扱ってしまうという体たらく。これではフリーク映画には極端に評価が甘くなる自分でも、残念ながらちょっと認められない。

アラサーの那智（武田梨奈）は快成（**佐野岳**）と同棲中だが、いまひとつ踏み出そうとしない相手にじれったい思いを感じている。「そろそろ子供欲しいんだけど……」ともちかけても「二人で幸せなんだからそれでいいじゃないか」とはぐらかされてしまう。さらに迫るとついに「怖いんだ。俺と同じ子が生まれたら一生不幸になってしまうのが」と逆ギレ。那智はショックで家を飛び出してしまう。家で二人の出会いを思いかえす快成……。

高校時代。スポーツも勉学も優秀なクラスのイケメンから告白された那智（**大平采佳**）だが、「つきあうってよくわからない……」と断って同級生からは変人扱いされている。そう言いながら倒れた鉢植えを直したりしている快成（**小西詠斗**）のことが気になって、積極的に話しかけている。水泳の授業を休んで、二人でボールを蹴ってサッカーごっこをしているのを見たサッカー部のイケメン、面白くないのでホースで水をかけるイジメに走る。体育倉庫で一人、濡れた服を着替える快成。那智が体育倉庫に飛びこむと、なんと尻の上に尻尾が生えているではないか。くるっと丸まった豚の尻尾のような代物。思わず「きゃあごめんなさい！」と逃げてしまった那智だったが、思い直して帰り道にちゃんと謝り、あらためてちゃんと見せてくれるよう頼みこむ。「尻尾なんて見たことない！　快成くんに興味があるの！」と目をキラキラさせて迫ってくる那智にさからえない快成。「わー！　豚の尻尾みたい」と見ているこっちも思っていたが言えなかったことをさらっと言ってしまう無神経女。

「ご両親も生えてるの？」

「母は生えてる。そういう民族なんだって」

「世界って広いんだね」

ってそれでいいのかよ！　いろいろ重大すぎる人類学的発見はするっと流されてしまうのだった。

ちなみに那智も「みんなと同じになりたかった」という悩みを抱えているので快成の気持ちもわかると言い張っているのだが、それが「自分は日焼けできなくていつまでも肌が白い」というもの。いや人によってはそれは嫌味か！　と受け止める人もいるのではなかろうか。ともかくそんな経緯で前のめりにフリーク少年に興味を深める那智と、ちょっと引き気味の快成という関係。那智はさらに快成の家に行き、父龍成（**長谷川朝晴**）が熱を出したと言うので仮面をかぶって奇声を発し快癒の踊りを舞う母ホア（**土井ケイト**）に面食らいつつもその心の温かさに触れるのである……というのだが、いくらなんでもひどすぎませんか？　どう考えても「差別はよくない」というテーマな映画のはずなのにこの雑な原住民描写を良しとしてしまう神経がわからないよ！

そんなわけで尻尾少年にさらに興味を抱いた那智、

「あなたのことをもっと知りたいので付き合ってください！」

「……ちょっと考えさせて」

まさかのＮＧ！　いや、相手のことを知りたいと思う気持ちが大事なんだとかって言うんだが、これ見てるかぎりは尻尾少年への興味って興味本位の見世物趣味とどこが違うのかさっぱりわからない。性癖なのかもしれないが、それだともっとこう……「差別はよくない」って話のくせに、色々性癖で乗り越えようとしてない？

さて、物語は「たった一人でも、自分のことを認めてくれる人がいれば幸せなんだ」と悟りを得た尻尾少年が那智の愛あるいは欲情を受け入れる決心をするのだが、その直後にいじめっ子が尻尾のことを嗅ぎつけて派手にいじめをかまし、すると学校側が快成を学校から追い出すという暴挙に出て、転校を強いられた快成と那智とは生き別れに。それから数年……いやどんだけすれ違ってまた出会っても、そこらへんはご自由に少女漫画なんだからとしか言えないが、言いたいのはそれで愛がよみがえり思い出のすべり台で再会するみたいなことをやってる場合か武田梨奈！　ということですね。ここはやはり尻尾美少年に一目惚れして彼に降りかかる陰謀やら謎の機関やらと空手で戦いながら尻尾少年を守る武田梨奈が見たかった。まだ遅くはないぞ！

※1　原作は同名のコミック
佐原ミズによる、主に二十―三十代に人気のコミック『尾かしら付き。』月刊『コミックゼノン』（コアミックス）にて、二〇一八年五月号から二〇二一年七月号にかけて連載された。現在は全四巻の単行本が刊行されている。公式によると累計十五万部の大ヒット。

※2　『異形の愛』
キャサリン・ダン著、柳下毅一郎訳、河出書房新社刊。巡業サーカス団長の夫とその妻は、フリークスこそ至高のオリジナリティと美しさを持つとの信念がある。やがて妻は毒を摂取しながら妊娠し、ユニークな子供たちを次々と産み落とす。誇り高く育てられる天才アザラシ少年の兄、美しいシャム双子の姉、超能力をもつ弟、そして「平凡」な「わたし」。フリーク一家による唯一無二の家族愛の物語。

なんと大川隆法原作・製作総指揮の新作が登場。死んだはずだよお富さん。いや、これが総裁直伝のイタコ術による映画作りというものなのか

『二十歳に還りたい。』

監督＝赤羽博　原作・製作総指揮＝大川隆法　主題歌＝小原ゆかり
出演＝田中宏明、三浦理香子、永嶋柊吾、伊良子未來、上杉祥三、津嘉山正種

幸福の科学映画の登場である。大川隆法総裁の急死により、幸福の科学映画の行方にも大きな疑問符がつけられることになったわけだが、これはただトンチキなアニメが一本減るというだけのことではない。幸福の科学による保証興行が地方の独立系映画館の経営を支えていた部分もあるわけで、日本の映画上映の景色が大きく変わりかねない事件だったのである。危惧された幸福の科学映画の未来だったがなんと大川隆法原作・製作総指揮の新作が登場。死んだはずだよお富さん。いや、これが総裁直伝のイタコ術による映画作りというものなのか。はたして「原作」に当たる小説があったのかどうかは不明なのだが、どうもこの起伏を欠いたストーリーからは、大川総裁の過去の著作を適当に切り貼って「原作」と称しているのではないかという疑惑が拭えないのであった。そしてさらに気になるのが**千眼美子**（こと**清水富美加**）の不在。とりあえずは総裁死後も続く様子の幸福の科学映画だが、あきらかに惰性で続いているとしか思えぬ本作を見るかぎり今後は大いに不透明と言わざるを得ないのだった。

八十歳の寺沢一徳（**津嘉山正種**）は一人高齢者介護施設で孤独な老後を過ごしている。「経営の

神様」と呼ばれる卓抜な経営センスで一代で寺沢不動産を巨大会社にした寺沢だが、家庭には恵まれず、妻とは死別、後妻を迎えるが子供との折り合いが悪く別れる。子供の方も長男はオーストラリアに留学したまま帰ってこず、次男は音楽をやるといって飛び出したきり。一人残った娘は大酒飲みで、酔っぱらい運転で事故死してしまった（酷すぎる……）。そんなこんなで彼を慰めてくれるのはボランティアの女子大生アスカ（**三浦理香子**）だけ。アスカは車椅子の寺沢を夕日のあたる土手に連れ出すと、太陽に向かって、

「神様、寺沢さんに、ひとつだけ願いをかなえてあげてください」

と祈る。よくわからない太陽信仰に押し切られ、寺沢も目をつぶって、

「できることなら、もう一度二十歳に還りたい」

するとどこからか「無償の愛に生きよ」と声が聞こえ、目をあけると彼は二十歳になっていた。アスカと同じ富ケ丘大学のサッカー部選手である。

え！　てっきりタイムスリップして二十歳から人生をやりなおすのかと思ったら、現時点で二十歳になるの!?　じゃあ二十歳までの彼の人生はどうなってるの？　どうやら両親とかは彼が二十歳だった六十年前と同じ状態らしく、いろいろ辻褄が合ってなさすぎる世界である。この時点でオチが読めてしまうわけですがね……。

さて、外見こそ二十歳だが豊富な社会人経験と経営センスの持ち主である二十歳の寺沢（**田中宏明**）、社会人らしい口舌を駆使してサッカー部の対外試合をとりつけ、（長男が無謀なオーストラリア留学でよくわからない人生を歩むことになったことを踏まえ）留学したいと言いだす同級生を「無謀だ」と諦めさせ、さらにアスカの父（**上杉祥三**）がやっている劇団アユハピに乗りこむと、演劇経験ゼロの素人であるにもかかわらず、アスカを相手役に『ロミオとジュリエット』を演じると演

出家の父親に「セリフが老賢者のように響いてくる」と絶賛される（しかし、ロミオが老賢者じゃまずいんじゃないのか?）。アスカの父からすっかり気に入られ、芝居に生きるのも悪くないと考えるようになった寺沢は、ロッカーになろうと家を飛び出した次男のことを思い出す。

その夜、寺沢は天の声を聞く。

「新しい人生には慣れたか？」と問いかける声は「三十歳までは結婚を申し込んでも、申し込まれて承諾してもならない」と理不尽なことを言いだす。「人を愛し、活かし、許せ。利己心が出れば、夢から覚める」。

はい、これでこのあとの展開が想像できない人がいれば逆に顔を見てみたい。「人を愛し、人を活かせ」というのがどうやらこの映画のテーマらしい。だけどタイムスリップして子供を救うんじゃなかったら、寺沢の「生き直し」になんの意味があるの？　過去のことはすでに十分反省しているし、そもそもこの人の人生が何か変化するわけじゃない。新しい人生で若者にアドバイスを与えたところで、それで何かが変わるわけじゃないのである。じゃあなんで生きなおすの？　ってたんに青春をもう一度味わいたいってだけでしょ？　まあ大川隆法総裁が「もう一度若くなって、俳優として人生を生きてみたかった（そして可愛い子ちゃんに純愛を捧げられたかった）」と思っていたのかもしれませんがね。そんなふんわりした願望だけで映画ができると思ったら大間違い。さらに「夢から覚める」って言っちゃってるわけで……。

さて、それから十年たった。二〇三四年、俳優の道をめざした寺沢は大成功をおさめ、「抱かれたい若手俳優ナンバーワン」の地位についている。「天の声」から「無償の愛に生きよ」と言われた寺沢は、

「人に嫌われず、守銭奴と呼ばれることなく、沢山の人を笑顔に、幸せにする仕事をするんだ」

と俳優の仕事をしているというのだが、なんかそれってオレの思う「無償の愛」と違う。一方、大学時代に大人な上につねに人をたてることを忘れぬ寺沢に惚れてしまったアスカ。だが天の声によって結婚を禁じられている寺沢は延々と煮え切らない態度を続けているので、恋人もいないまま三十歳になってしまった。誰にだって想像できそうな流れなのだが、寺沢を好きになる女性を不幸にしてしまうことすらわからないまま結婚禁止令を出す「天の声」、マジで無能としか言いようがない。

「わたしの夢は、寺沢くんと結婚すること!」というアスカに、「三十歳になったらアスカに気持ちを伝えよう」とアスカの気持ちはガン無視で悠長なことを考えている寺沢。だが、そんな思惑を許してくれる芸能界ではなかった。新作映画の共演女優が、露骨に寺沢にアプローチをかけてくる。寺沢が応じないと見ると勝手にスキャンダルを流して「お付き合いしています。結婚の約束も……」と嘘八百を並べ立てる始末。そんな報道を信じたアスカ、夢も希望も枯れ果てて、短絡的にビルの屋上から飛び降りようとする。そこへ駆けつけた寺沢は……いやここらへん、本当にストーリーを進めるためだけのご都合主義な展開に草も生えない。

そんなわけで「ずっと待っていたんだよ」というアスカに結婚か飛び降りかどっちかだ! と迫られ、「結婚しよう」と言ってしまう寺沢。その瞬間夢から目を覚まして八十歳に戻った寺沢なのであった。って夢オチかよ! 考えられるかぎり最低のオチなんだが、これでいったい何を訴えたいんだハッピーサイエンス的には!? 「これで、よかったんだ……後悔はない……」とか言ってる寺沢だが、この夢でいったい何を得たのか。どうせ自己満足だけなんだったら、実の子供たちを救ってやる夢を見せてやれないのか。

最後には「♪優しく生きることは罪ですか〜夢は現実のようで、現実は夢でした〜」といつ作ったのかわからない大川隆法作詞作曲の大川ソングが流れ、なるほど幸福の科学映画だわという気分にはなるのだが、マジで奇跡を起こしてくれない頼み甲斐のない神様にいったいどう答えればいいのか。大川隆法の死という現実を受け入れがたく立ち尽くしている幸福の科学信者たちの思いを代弁するかのような映画としか言いようがなく、映画は幸福の科学映画史上最低といいたくなるくらいつまらないし、唯一のスター千眼美子は出てこないしで、実にもって幸福の科学映画の終焉を感じる一本。ひとつの時代が、本当に終わろうとしている。

剛力ちゃん地方ドサ回りシリーズ。しかも三十路の岐阜のクラブホステス。剛力ちゃんの未来はどっちだ？

『女子大小路の名探偵』

監督＝松岡達矢　原作・脚本＝秦建日子　撮影＝ふじもと光明　音楽＝倉堀正彦　主題歌＝ヒグチアイ
出演＝剛力彩芽、醍醐虎汰朗、北原里英、今野浩喜、堀夏喜、小沢一敬、寺坂頼我、柳ゆり菜、ゆきぽよ、遼河はるひ、田中要次、戸田恵子

女子大小路とは名古屋栄の歓楽街のこと。長野で撮った信越放送七十周年記念映画『ペルセポネーの泪』に続く**剛力（彩芽）**ちゃん地方ドサ回りシリーズ、本作は名古屋メ～テレ六十周年記念作品。なぜ剛力ちゃんは中部地方のテレビ局の周年企画に呼ばれがちなのか？　それにしても素っ頓狂ではあっても仮にもギリシャ神話の登場人物だった『ペルセポネー』に対し、本作では三十路の岐阜のクラブホステス。侘しいにもほどがある。一応栄でブイブイ言わせていたが、母親の介護のために実家のある岐阜に帰ってきた、という設定にはなっているが、「掃き溜めに鶴」の場違いな存在にはまったく見えず、見事に田舎のクラブに馴染んでしまっているこの侘しさ。何がいけなかったんですかねえ……

物語の最後になってようやく剛力ちゃんの駄目弟は探偵事務所を開く。てっきりメ～テレでドラマでも作っていて、その前日譚を映画にしたのかと思ったのだが、実際には秦建日子の原作の映画化ということらしい。つまり最初から最後まで「探偵」なんていやしないのだ。じゃあクラブ・ホステスの剛力ちゃんが名推理を披露するのかというとこちらはむしろ暴言と暴力担当。誰も謎なん

か解いておらず、最後まで残ったのが犯人だという金田一方式ミステリなのである。

名古屋市栄でバー〈タペンス〉でバイト労働している広中大夏（**醍醐虎汰朗**）は、ある日、喫茶店で知らない女性に水をぶっかけられる。秋穂（**北原里英**）は、大夏が自分の友人にストーカーをしていると思いこんだのだった。誤解が解けると女好きの大夏はすぐに秋穂と仲良くなり、デートに出かける。その帰り道、二人は公園で倒れている少女を発見する。心肺停止状態だった彼女は、児童相談所の相談員である秋穂が担当していた中学生の娘あすかだった。いやこれ「心肺停止状態」って言ってるんだけど、その状態で病院に運んでもどうにもならないよね？　この映画の中ではなぜか昏睡状態で、みなが目を覚ますことを期待しているのだった。あすかと同じ場所に死体で捨てられていた女子中学生がいたことから、すわ連続女子中学生殺人犯かと色めき立つマスコミである。

さて、第一発見者として警察に通報した大夏だが、警察からは犯人ではないかと疑われてしまう。あすかの携帯には「ヤマモト」とだけ記された電話番号が登録されていたが、同じ番号が大夏の携帯にも登録されていたのである。

「〝ヤマモト〟って誰だ？」

「えーっと……お客、かな？」

大夏が取り調べを受けているという知らせを聞いたのはクラブ〈グレース〉のホステス広中美桜（剛力彩芽）。大夏の姉だが、「クソボケ、死ね」が口癖の暴言暴力姉である。いや、もちろん実は心優しくて……みたいなフォローは入るんだが、もう乱暴が萌えポイントになる年でもないし、いろいろキャラ設定失敗してると言わざるを得ない。美桜はしきりに口説いてくる客の弁護士望月（今野浩喜）を便利に使って警察まで送らせ、大夏の足取りをたどる（すると過去が幻視されてしまうので大夏が何を目撃したのか観客にもすべてわかる仕様）。「口の悪い美人ホステス」というだけではキャラ付けが足りないと感じたのか、なぜか老け専で水素の研究者である金華大学教授畦地（**田中要次**）にべた惚れ（だが照れまくりで近づくこともできずにいる）。それにしても「アンチエイジングに興味がある」から水素水好きで水素の研究者に近づくとかどうなの。藤原紀香[※1]じゃないんだからさあ……畦地からは「美桜さんは事情があって高校中退なさいましたが、三十路になっても聴講生として大学に来るなど向学心があって立派です」と褒められるのだが、いろいろ、侘しく……。

さて、このままでは犯人にされてしまうと考えた大夏、秋穂と一緒に犯人探しを進める。秋穂はあすかが父親からDVを受けていたのではないかと疑っていた。しかし、有力県議の秘書であるあすかの父のDV疑惑を、秋穂の上司である課長はもみ消してしまう。犯人はあすかの父ではないのか？

ところが大夏の友人であるピンパブ嬢メリッサ（**ゆきぽよ**）が秋穂の上司から言い寄られているのだという。どうでもいいが、このピンパブ嬢たち、単に片言で喋ってるだけで容姿はただの日本人なので、単に日本語が不自由なヤンキー役なのかと思っていた。メリッサは児相の課長をホテルに呼びだすと、相手がシャワーを浴びているあいだにカバンを持って逃げる。「爆弾」だという情報が入った携帯電話ともども。これで児相課長と議員秘書の不正が暴ける……！　と意気込む大夏。

だが、母琴子（**戸田恵子**）と美桜、大夏、それになぜか加わった畔地ですき焼きを食べていたところ、大夏に連絡がはいる。なんとメリッサたちが半グレ〝ヤマモト〟（**堀夏喜**）に誘拐されてしまったのである。「あんたとは何も考えずに飲んでたかったよ」という〝ヤマモト〟は本当に〈タペンス〉の客だったというのだが、いやはやひどい偶然だ。〝ヤマモト〟からショッピングモールに「一人で来い」と言われる大夏だが、もちろん交渉は美桜が巻取り、アッシー弁護士を顎でつかって、なぜか畦地まで連れてモールに乗りこむ。エスカレーターの上と下で半グレ集団と対峙する美桜。「わたしはもともと水の研究をしていたんです」という畦地が「あなたは産廃の不法廃棄に関わってますね」となぜか黙って座ればピタリと判るプロファイリングで初対面の半グレの違法稼業を言い当て、半グレの方は参りましたと素直に人質とカバンの交換に応じる。なんという優しい世界。おまけに〝ヤマモト〟は「犯人知りたいか？」と証拠になる監視カメラ映像まで渡してくれる。最初の事件の犯人が、犠牲者の死体を運んでいる映像があったのだ。なんという人のいい半グレ。そして課長の悪事もすべて闇に葬られてめでたしめでたし。よかったよかった。

さて、というわけですべてに幕が引かされそうになったところで剛力ちゃんがそもそもこれが連続殺人犯の仕業だって誰が決めたの？　と至極当然の疑問をいだき、あすかが趣味だったコスプレの衣装を作っていた秋穂の弟の存在に警察が注目していることを知り……という展開になるのだが、このコスプレ衣装屋である弟の設定とか相当差別的でひどいし、最後弟を囮にして真犯人を釣り上げようとする（新たな犯罪を起こさせようとする）剛力ちゃんの人非人ぶりも相当なもんなのだが、そこらへんに誰も気づいてないというかそもそも誰も映画見てないあたりに剛力ちゃんの侘しさが……口の悪いショートカットの元気キャラ美少女のままで、アラサーになって事務所の庇護も失った剛力ちゃんの未来はどっちだ？

※1　**藤原紀香**
一九七一年生まれの女優、モデル、タレント。第二十四回（一九九二年度）ミス日本。夫は歌舞伎俳優の片岡愛之助。水素水によるアンチエイジング法を愛好している。愛之助との結婚式の引き出物が高額な「水素生成器」で、家紋つきオーダーメイドであったとの説も。

話が難解過ぎ、セリフがよく聞こえず、展開が脈絡なさすぎてちっとも理解できない。もう呪いの概念がよくわからない……

『SPELL 第一章　呪われたら、終わり』

監督・脚本・製作総指揮＝寺西一浩　音楽＝のぐちとしかず　主題歌＝寺西優真
出演＝寺西優真、大村崑、國光真耶、宮城大樹、SIZUKU、原田翔太、GOD、北條透子

当ブログではおなじみ寺西一浩[※1]監督の摩訶不思議寺西ワールド、今度は心霊ホラーに挑戦である。主演はもちろん**寺西優真**だが、その祖父役になんと超ベテラン**大村崑**！　さすがオロナミンC飲んでるだけあってお元気なのだが、問題は寺西ホラーのほうである。別に特殊効果もCGもあるわけじゃないので、ホラーらしいことと言って出てくるのは白いワンピ姿の少女くらい。で、特にうまいわけでもない（というかほぼ素人の）俳優たちが一軒家のセットの中でぼそぼそと喋ってるだけで話が進行していくのだが、この話が難解過ぎ、セリフがよく聞こえず、展開が脈絡なさすぎてちっとも理解できない。ひさびさに「ゴダールより難解」な映画見たよ……。

豪邸に引っ越してきた水谷家。主婦の水谷良美（**小林麻耶**あらため**國光真耶**[※2]）が息子良太を連れて買い物からかえってくると、玄関前にある水の入ってないプールで、無口な少年は緑色の猿が木からぶら下がっているという気持ちの悪い絵を拾う。良美は気にもとめず家に入り、食卓に買い物の品を並べる。ふと目を離すとオレンジにナイフが刺さっている！　驚く良美！　すると部屋の奥に白いワンピース姿の少女が立っているではないか！　……えっそれだけなの⁉　と思うかもしれ

ないが、マジでほぼこれだけの超常現象で、水谷家は呪われているのではと考え、テレビにも出ている有名な霊能力者馬飼野紀代子（**北條透子**）に連絡するのである！

ところがぎっちょん、電話を受けた息子馬飼野俊平（寺西優真）は、母に告げずに自分一人で依頼を引き受けてしまう。紀代子、夫（俊平の父）の交通事故死を予見できなかったことからすっかり自信を失い、霊媒業もやめると引きこもってしまったのだという。「だいじょうぶ、ぼくも霊能力はありますから！」と自信満々で水谷家に乗りこんだ俊平。水谷家の面々と面談する。「え、テレビに出てる人じゃないんですか？」と露骨に失望する夫水谷猛（**宮城大樹**）。猛は狭い道を一方通行で暴走してきた見慣れない車にはねられて大怪我を負い、車椅子に乗っている。「これも呪いでしょうか？」と問う猛に、「呪いだとしたら、この家についているのではなく、人についている可能性があります」と冷静に答える俊平……ってこれ呪いなの!?　もう呪いの概念がよくわからない……。

するとそこにやってきたのが隣の家のおばさん。一方的に家に入ってくると、俊平に向かって「この家に前住んでた人の娘、ある日いきなり奇声を発して家を飛び出して、プールで溺れて死んじゃったのよ」と告げ口すると、野菜を置いて帰っていく。なんなのかさっぱりわからない。一方俊平も「これは自分ひとりの手には負えない」と家に電話して祖父霊山（大村崑）に助けを求める。というわけでついに登場大村崑、「ゴーストバスターズ」を名乗る二人組（一応電磁波で幽霊の存在を感知したりする機械を持ちこんでくる）を連れて幽霊退治にやってくる。全員で蠟燭をともして降霊会。その最中にぷいと席を立つ俊平、何をやってんのかと思ったんだが、実は幽体離脱してたらしい。で、どうやら二階にこもっている息子と緑色の猿が怪しいと睨む（なぜか水谷夫妻からは二階には行くなと禁じられているのだ）。そこへやってきた警察に勤める良美の妹、「あんな連中のこと信用してんの？」ともっともな不信の眼差し。「伝えたいことがあったんだけど、お姉さんの家がこんなにひどいことになってるとは思わなかった。またにするわ……」と帰ってしまう。この家、用もないのにやってきては帰っていく人、多すぎ！　ひょっとしてそれが呪いなのだろうか？

俊平が幽体離脱から戻ってみると、祖父が「いやーやっぱりわしらだけじゃ無理だから、紀代子に頼んでしまった」と勝手に母を呼んでいるのだった。釈然としない顔の俊平だったが、紀代子が来ればすっきり解決してめでたしめでたしなんだからいいじゃないか。というわけで紀代子が来ると、蠟燭をたてて降霊会……。

「また同じことやってるのか」

と水谷夫妻にまで言われてしまう始末。

「いえわたしと息子とは能力が違うので、やってることは違うんですよ。わたしは霊視ですが息子は憑依と幽体離脱です。今回は息子に悪霊を憑依させます」

と立て板に水の説明をする紀代子。なにげにそんなことして大丈夫なの!?　という危なっかしげなことを言っている。降霊会がはじまると、悪霊に憑依された俊平が姿を消すと、二階から悲鳴が！

一同、慌てて階段を駆け上がる。すると悪霊に憑依された俊平が良太の首を締めている！　そこで慌てず騒がず祖父霊山が聖水を「緑色の猿の絵本」にぶっかけると、憑依が解けて俊平もその場に崩れ落ちる。どうやら怪しいのはこの「緑色の猿」だ！

「あら、この絵のタッチはこの家に以前住んでらした清宮一本斉さんのものね！」

と解説するのはいつの間にか家にいた隣のおばさん。ならば呪いをかけたのはその画家、清宮なのか？

「でも……清宮さんは優しくて誰も憎んだりしない人だったのに……」

なんでそんな説明をしてくれるのかわからないながら事情通のおばさんがすべてを解説してくれる。これはやはり呪いの絵本の製作過程を調べなければなるまい。というところで紀代子がわけのわからないことを言いはじめる。

「俊平、幽体離脱して自分自身に憑依しなさい。若いころの自分に憑依すれば、その時代に移動できる。そうやってこの緑色の猿の本が描かれた時代に行って、この本を持ってくるの。ただし、本以外のものに触れてはだめよ。そんなことをしたら歴史が変わってしまうから」

本はいいのかよ！　とか突っ込む気も失せるトンデモ理論でタイムトラベルをかまして「緑色の猿」の真実を知る俊平なのだが、いちばん驚いたのはその真相ですらなく、タイムトラベルで入手した緑色の猿の本を焼こうとしたら、いきなり飛び出した隣のおばさんが本に触れたとたんにばったり倒れて帰らぬ人となってしまったことで、実はこのおばさん、ヒロインだったのか？　そして最後の最後に再登場した良美の妹、

「実はわたし警察辞めたのよ……警察の給料だけでは暮らしていけないので夜の仕事をやっていたのが職場にバレて……このことを伝えたかったの……」

この情報を映画の最後に聞かされてこっちはどうしたらいいのか？　いろんな意味で俳優の大切さを思い知らされる映画であったが、以下、物語は元オリンピック金メダリスト安藤美姫も出演する第二章にて完結する！

※1　寺西一浩
本書四八頁参照

※2　小林麻耶あらため國光真耶
一九七九年生まれ。二〇〇三年ＴＢＳに入社、人気アナウンサーとなる。その後フリーに転身。妹は市川海老蔵と結婚した小林麻央。二〇一七年に麻央が癌で亡くなった後しばらくして、海老蔵に対しＳＮＳなどで批判をはじめた。その内容は麻

央へ民間療法を進めたため治療が遅れたこと、また闘病している麻央に寄り添っていなかったことなど。以前とうって変わった姿に「洗脳」されているのでは、とさえ言われた。二〇一八年に宇宙ヨガインストラクターなる國光吟と結婚し、芸能界を引退するがYouTubeなどで活動中。その後、國光吟とは離婚、再婚をくりかえし、名前を國光真耶にあらためた。本作で本格的女優デビューとのこと。

映画になりハリウッドにまで行った、スーパースター忠犬ハチ公に続け。
石岡タローの名を全国区にしようという一大プロジェクト

『石岡タロー』

監督・脚本＝石坂アツシ　撮影＝荒井康次　音楽＝小松重次
出演＝山口良一、渡辺美奈代、菊池均也、寺田藍月、寺田紫月、松木里菜、青木日菜、グレート義太夫

忠犬ハチ公と言えば渋谷駅の前で主人の死後も十年以上待ち続け銅像になり映画になりハリウッドにまで行った[※1]忠犬界のスーパースターだが、それに負けず劣らず十年以上主人を待ち続けた犬が北関東にもいた。その名を石岡市の石岡タロー。誰だよ！　というかそもそも石岡ってどこだよ！[※2]というところだが石岡市というのは茨城県。この地元では広く知られた（しかし石岡の外では誰も知らない）逸話を映画にし、石岡タローの名を全国区にしようという一大プロジェクトが本作『石岡タロー』なのである。なお、ＪＲ石岡駅前にタロー像はすでに立っている。

ときは一九六三年（昭和三八年）。茨城県玉造町（現行方市）のナカシマ電器店の娘恭子は、鉄道ではるばる石岡市にある幼稚園に通っていた。年長組とはいえ幼稚園児が幼稚園に列車通学！さすが昭和は乱暴な時代だぜ（これ、石岡の名門幼稚園に通うためというのだが……）。自宅から鹿島鉄道玉造町駅（現在は廃線）まで恭子を送り迎えするのは愛犬コロの役目だ。発車のベルが鳴ると列車から降りて家に帰り、夕方幼稚園から帰ってくる時間にはまた駅まで迎えに来る。なんせ昭和なので紐につながない自由な飼い方も許されていたのだった。

ある朝、いつになく列車は混んでいた。発車ベルで列車から降りようとしたコロだったが、降りそこなってそのまま終点まで来てしまう。石岡駅でコロを抱えて困っている恭子ちゃん。そこにやってきた駅員から、

「その犬、お嬢ちゃんの犬？」

と訊ねられると、恐怖から「違う……」と首を振ってしまう。じゃあ捕まえなきゃ、と駅員に追いかけられてコロは姿を消してしまう。

この映画、人間の身勝手に翻弄される哀れな犬の話なのだが、中でもいちばん腹立ったのはここである。いや怯えていたとか幼稚園児だったからとかいくらでも言い訳はできるのだろうが、それにしたって拒むことはないだろう。ペトロの否認を思いだす残酷さ。しかもその後恭子は熱を出して三日間寝込んでしまい、コロが石岡で行方不明になったというのを親に言いだしたのはすでに手遅れになってからなのだった。あーあ。

そんなわけで飼い主に見捨てられ野良になってしまったコロ、不良高校生に針金を巻かれるなどのいじめを受けていたが、石岡東小学校で住み込みの用務員をつとめる竹本（**菊池均也**）の娘玲子（**青木日菜**）にひろわれる。学校住み込みの身で犬は飼えない……と渋っていた竹本だが、可哀想な捨て犬をほっておくことはできずそのまま学校の黙認の元飼うことになる。名前は玲子がタローと決めた。

二年の歳月が過ぎた。すぐに学校になじんだタロー、授業中は学校内を自由に歩きまわっているのだが、とりわけ一年生の教室をまるでパトロールでもするかのように順繰りにまわっていくので、教師たちからも不思議がられていた。そんなある日、タローは入学してきた新一年生のおさげ少女に恭子の面影を見出す。記憶がフラッシュバックして、そうだ駅だ！　と迷わず学校を飛び出し歩

道橋を渡り国道を歩き……二キロの道を焦らず迷わず歩いて石岡駅に着いたのだった。人待ち顔でちょこなんと座りこむタローはみなの目をひくが、待ち人があらわれるわけもなく、しばらくするととぼとぼと東小学校に帰っていく。タローはそれから十年以上のあいだ、朝と夕方の二度、学校から石岡駅までの「お迎え」を続け、いつしか町のアイドルとなっていくのだった……。

シンプルきわまりない物語、というか基本的にはお話はこれだけなので、映画はひたすらタローが道路を歩いているのを撮っているだけである。その中で大いに頑張っていて瞠目させられた部分がある。それは時代色だ。鹿島電鉄は廃線になり、石岡駅は改築されてしまっているのだが、これは当時の車両を使って走らせている鹿島臨海鉄道を借りて再現している。それ以上に頑張っているのが車とオートバイ。さすがは北関東と言うべきか、旧車會の協力を得て、昭和三十年代、四十年代の旧車がつぎつぎに登場。しっかり走っているのには恐れいった。通行人のファッションも髪型もしっかり昭和時代に統一されており、よく頑張ってるなあ、と感嘆せずにはいられなかった。唯一、気になったのは町を歩く人の数で、これは昭和時代のほうが多かったろうと思われる。あと、肝心の犬……タロー役は幼年期を含め三頭の犬が演じているのだが、あからさまに犬種まで違っているのは気になるどころではなく……旧車の十分の一でも気を使っていただけるとよかったのだが……。

学校でのびのび暮らしていたタローに危機が訪れるのは一九七二年、小学校に新校長(**山口良一**)が赴任してきたときである。学級参観で学校を訪れたＰＴＡの母親から、「放し飼いの犬がいるなんて危ない!」とクレームが入り、校長が保健所送りを決めてしまうのだ。竹本は抗議するが、しょせん雇われの身では抗うすべもない。哀れ保健所に連れて行かれ、一週間以内に引き取り手が見つからなかったら殺処分を言い渡される。タローをかわいがっていた娘にはそのことを伝えられないまま鬱々としていた竹本、だが玲子はついに一週間目になって保健所に電話してみようと言い出す。今からなら電話してももう手遅れのはず、と電話を許した竹本だったが、タローは石岡から土浦保健所へ移され、その過程で一日猶予ができていたことが判明する。慌てて土浦保健所に駆けつけてタローを救いだす竹本。なんと土浦保健所員はかつてタローに針金を巻くイジメをしていた高校生だった！（今は反省して野良犬の引き取り手を探すべく努力中）竹本が校長に頭をさげると、生徒や古株教員からの突き上げに反省した校長もタローを飼うことを認める。

校長、のちに「あなたは生涯において後悔していることはありますか？　わたしはあります。人間誰しもあるでしょう。でも、タローにはない。タローはただご主人さまに会いたいというだけの気持ちで、毎日駅まで歩いていくんです……」

などといい話みたいに語っているのだが、そもそも殺処分が待っているとわかってたくせに保健所送りにしようとしたのは自分じゃないか！　そしてタローの心の内を勝手にわかったふりして代弁してるんじゃない！　この手の映画にありがちな、勝手に動物に人間の心中を投影してわかった気持ちになるやつ。いや本当、この映画身勝手な人間ばかりが出てきて、タローがかわいそうでかわいそうで……。

駅に通いつづけ、駅員からは「待合室は列車や人を待つための場所。犬であっても待つ権利はある！」と存在を認められたタロー、ついに一九八一年（昭和五六年）に天寿をまっとうする。だが、死後もタローの伝説は終わらなかった。二〇〇九年（平成二一年）、常磐線の各駅特集をおこなっていた毎朝新聞の記者が、「タローは誰を待つ」と題して石岡タローの記事を書く。それを読んだのがナカシマ電器の元社長「おい、これコロじゃないか？」というわけで大人になった恭子（**渡辺美奈代**）が石岡駅前に呼び出され、元校長や竹本用務員らと涙の再会。いやそのそれは再会というか、ただたんに気まずいだけなのでは？　と思ったらさらに往時のタローとの思い出を抱えた人たちが石岡駅前に大集合するのだが、これ本物の恭子（愛犬を見捨てた人）がいたら悲鳴をあげて逃げ出すホラーなんじゃないでしょうか。

なお、東小学校の愛唱歌であり、石岡駅の電車発車メロディともなった童謡「タローは今日も」の歌詞を書いている人物は南極探検隊が南極に置き去りにしたタローとジローの曲も作っているタロー専門作詞家である由。

※1　映画になり

新藤兼人監督『忠犬ハチ公』（一九八七）のこと。忠犬ハチ公エクスプロイテーションの元祖。渋谷駅でいつも帰りを待っているハチを可愛がる先生を演じるのは仲代達矢。近年では、ハリウッドだけでなく中国でもリメイク映画『忠犬八公』（二〇二三）が登場している。

※2　ハリウッドにまで行った

気がつけば犬映画監督となっているラッセ・ハルストルムが監督した『HACHI　約束の犬』（二〇〇九）のこと。もちろん新藤兼人監督『ハチ公物語』のリメイク作品である。舞台はアメリカ東海岸の郊外にあるベッドリッジ駅。大学教授を演じるのはリチャード・ギア！　彼がその駅で秋田犬の子犬を拾うと、その首には漢字の「八」が刻印されており、子犬はハチと命名されて、愛情を一身に受けて可愛がられて育ち……（以下略）

物悲しい赤い靴の少女の童謡の実話があった……という触れ込みで作られた秋田映画。しかし、童謡は実は映画に全然関係ない！

『みちのく秋田　赤い靴の女の子』

監督・脚本＝石谷洋子　主題歌＝Yummi
出演＝安田聖愛、アナンダ・ジェイコブズ、壇蜜、永島敏行、小栗銀太郎、渡辺佑太朗、Yummi、秋沢健太朗、松本寛也

♪赤い靴、履いてた、女の子。異人さんに、連れられて、いっちゃった〜

異国に売られていく少女を歌った物悲しいメロディ。野口雨情[※1]作詞のこの曲、横浜か神戸か、そんな港町の歌かと思いきや、実は雨情が秋田県に滞在中に書いたのだという。[※2]そう、秋田には雨情が書いたような、物悲しい赤い靴の少女の実話があったのである……という触れ込みで作られた秋田映画。そして秋田といえばこの人**壇蜜**が堂々の出演、秋田映画の看板に偽りなしというところを見せてくれたのだが、問題は「赤い靴の女の子」[※3]のほうで、この童謡、実は映画に全然関係ない！ていうかこの実話が野口雨情をインスパイアしたというのが本当かどうかすら、映画を見るだけではわからない！　そして一枚看板の壇蜜もあまり映画のためにはなっていないような……ていうか壇蜜の役自体まるごと映画からカットしてしまってもいいような……壇蜜と言えば不幸が似合う女ということになっているわけだが、実のところ、そういう決めつけは彼女のためにもなってないんじゃないか、と思わざるを得なかった。

物語のはじまりは明治一九年。船大工、金子専蔵（**小栗銀太郎**）の後妻にはいったふじ（壇蜜）は、今日も今日とて姑からいじめられていた。幼いころ、口減らしのために奉公に出されたふじだったが、真面目な働きぶりで主人（**永島敏行**）からも気に入られている。専蔵との縁談に主人は大喜びだが、その妻（**Yummi**）はあんな家に行ったら苦労すると猛烈な秋田弁でまくしたてる。壇蜜ももちろん秋田弁丸出しの熱演で、ここらへん、非秋田人にとっては何を言ってるのかまったく意味不明のやりとりが続くのだが、リズムよくコミカルな応酬はたいへん楽しい。実は本作の監督、深刻なシーンよりも笑わせる演出のほうがうまいようで、実際壇蜜も大いに楽しんでやっているように見える。監督、こんなドシリアスで真っ暗な映画よりは秋田弁コメディのほうが向いてる気がするんで、ぜひご検討願いたい。

さて、そんな奉公先の危惧にもかかわらず、「わたし、家族が欲しいんです」と嫁にいったふじ、案の定姑からイビられまくる。先妻の子供が二人いる中で三人目を産んだところまではよかったが、四人目を妊娠したことを知った姑、「わたしを殺す気なんだろう！」とナタを持ち出して切りかかってくる。いやこれもう「嫁いびり」というレベルを超えてないですか？　あわてて止めに入ったのが先妻の子はつ。だが誤って姑がふりまわしたナタが当たって死んでしまう。だが犯人はふじだと姑が讒言すると、いっさい抗弁せず殺人犯として縄につくふじである。いや、ここまで来るとさすがになんで？　って感じで、いくらなんでも無理やり不幸にしすぎだろう。さらにこのあと壇蜜が獄中出産すると、旦那専蔵は「俺には引き取れねえ！　子供を育てるのなんて無理だ！」と育児を放棄。いや結婚のときの事情を思えば、かえすがえすもクズすぎませんかこの夫。せっぱつまった壇蜜、藁をも摑む思いで、たまたま刑務所に教誨師として訪れていた宣教師ミス・ハリソン（**アナンダ・ジェイコブス**）に子供を引き取ってもらうのだった。その十年後、結局大きくなった子供ハツ（亡くなった義理の娘の名前をもらった）にも会えぬままふじは孤独に死んでゆく。壇蜜には暗い顔が似合うという人もいるのかもしれないが、これではさすがに……。

明治三二年、ハツが十二歳になったとき、ミス・ハリソンの任期が切れて帰国することになる。気がかりなのはハツのこと。どうすべきかと思い悩むミス・ハリソンだが、ついに意を決してハツに「一緒にアメリカに来ない？」と尋ねる。ハツはもちろん二つ返事で飛びつく。考えてみれば当たり前で、日本にはもう思い残すことも何もない。一応父親に別れを告げに行くものの、会えたのは実兄だけで、特に思い出もないんで話すこともない。ここで赤い靴を履いていたハツだが、そんなことをされてもあの歌の哀感は出ないというか、いやむしろ異人さんのおかげで異国で未来を拓こうという話ではないのか。というわけで横浜から旅立つのがナレーションで説明されるときに「赤い靴」のメロディが一小節流れて音楽への言及はおしまい。

というわけで舞台は変わってハワイ。明治四〇年、サンフランシスコの排日暴動を受け、ミス・ハリソンはハツことアメリカ名コラ・ジュリア・ハリソン（**安田聖愛**）を連れてハワイへの移住を決める。現地では日本人学校の教師として懸命に働くハツである。ハツに恋心を抱く日本人移民労働者為作（**秋沢健太朗**）らのエピソードなどはさみつつ、ハワイのさとうきびプランテーションで働く日本人移民たちの苦難の歴史が綴られていく。ちょうどハツが働いていたのはプランテーションの劣悪な労働環境に耐えかねた移民たちが労働争議を起こし、ストライキののちに大量解雇され、失意のうちに帰国していくという、日本人移民史の潮流が変わる時期に当たるからである。映画でもそのへんが語りたいことだったのだろう。監督自身は真面目な人で、そっちをやりたかったのだろうとは思うのだが、どちらかというと軽妙なタッチのほうが上手で、世の中ままならないなあ。なお、プランテーションの大量解雇でオアフ島の日本人移民コミュニティは崩壊し、ハツは大正十一年、結核をわずらって三十四年の短い生涯を閉じたのであった。というわけでなんとなく童謡の暗いイメージのまま終わってしまうのだが、次はもうちょっと明るめのコメディでおねがいします。

※1　野口雨情
一八八二年〜一九四五年。茨城県生まれの童謡詩人。少年時代より詩作に励む。東京専門学校高等予科文学科（現・早稲田大学）へ入学したが中退。やがて父の死去により帰郷し家督を継承するも、新聞記者として北海道へ渡る。のちに離婚など経て、茨城の水戸へと引っ越し、『茨城少年』の編集にあたりながら童謡作品を数多く発表する。西条八十などの紹介で児童雑誌に童謡作品の発表をはじめ、また全国各地へ童謡や民謡の普及のため、講演旅行をしてまわった。旅は当時の台湾や朝鮮、満州、蒙古までに及んだという。代表的な童謡に「シャボン玉」「赤とんぼ」「七つの子」「青い目の人形」など多数。

※2　秋田県に滞在中に…
実は秋田県は全然無関係！　一八九頁注参照。

※3　「赤い靴の女の子」
童謡「赤い靴」の「赤い靴の女の子」のモデルになったのは、一九〇四年静岡県生まれの「岩崎きみ」。母かよと北海道に渡るが、事情あって母親は二歳のきみをアメリカ人宣教師夫妻に託す。宣教師夫妻には帰国時に、きみを連れていこうとするが、結核にかかっていたので、やむなくきみを東京麻布の孤児院に残し、帰国。きみは母に会うこともなく亡くなった。母親は、六四歳で亡くなるときまできみがアメリカで幸せに暮らしていると信じていたという。野口雨情は北海道で新聞社に勤めていたとき、農民運動家の鈴木志郎とその妻かよから娘きみの話を聞いて、童謡を作ったという。

眼鏡作りの草創期を訪ねる眼鏡映画。堂々たる福井の地元産品紹介系地域振興案件……。だが、鯖江は出てきません

『おしょりん』

監督＝児玉宜久　原作＝藤岡陽子　脚本＝関えり香、児玉宜久　撮影＝岸本正人
出演＝北乃きい、森崎ウィン、駿河太郎、高橋愛、秋田汐梨、磯野貴理子、津田寛治、榎木孝明、東てる美、佐野史郎、かたせ梨乃、小泉孝太郎

福井県鯖江市は日本の眼鏡の九割を生産する眼鏡の町として有名である。というわけで福井県の眼鏡作りの草創期を訪ねる眼鏡映画。なんと映画の冒頭には「福井県ニュース」と題して北陸新幹線延伸に合わせて福井の観光案内をするビデオがついている。さて、そんなわけで、本作は高級メガネフレームの製造販売で知られる増永眼鏡[※1]の創立沿革映画である。監督は『えちてつ物語〜わたし、故郷に帰ってきました。』[※2]の児玉宜久ということで（製作も同一）、堂々たる福井の地元産品紹介系地域振興案件である。

明治三七年、福井県足羽郡麻生津村（現福井市麻生津）……って鯖江じゃないのかよ！　そう、実は福井県の眼鏡生産のルーツは増永五右衛門が農家の副業としてはじめた増永眼鏡のほうなのだった。というわけでこの映画には鯖江は出てきません。福井県福井市発！

福井の豪農の娘、むめ（**北乃きい**）に、麻生津村の庄屋の長男、増永五左衛門との縁談が持ちこまれる。どうしたもんだか……と思って一人留守番していたところに、はるばる増永家から届け物をかついで若者（**森崎ウィン**）がやってくる。くだけた物腰に惹かれ、この相手なら……と夢をふ

くらませるむめ。というわけで結婚を承諾すると、結婚式当日、出てきた五左衛門（**小泉孝太郎**）は似ても似つかない相手だった。そう、若者は五左衛門の末弟、風来坊の幸八で、兄の婚約者に爽やかに挨拶していっただけだったのだ。驚きと失望を押し隠し、五左衛門の良き妻となったむめである。五左衛門はと言えば、ぶらっと出かけてはうさんくさい儲け話を持ちこんでくる幸八を一家の厄介者と白眼視している。何やら六年前にも投資話を持ちこんで増永家に大損させた、と五左衛門は怒っているのだが、それがなんなのか映画の中では語られないのであった。

そんな幸八が持ち込んできた儲け話、それは眼鏡作りであった（もともと、豪雪地帯である福井だけに、冬のあいだの現金収入というのは大きな課題なのだった）。「これからは眼鏡だよ！」と言い張る幸八だったが、六年前のことがある五左衛門はまったく関心を示さない。だが、五左衛門の幼馴染で宮大工の末吉（**駿河太郎**）の娘が、幸八が持ちこんだ眼鏡をかけて「よく見える！」と言ったことから一同驚愕。娘の成績が悪かったのは馬鹿だったからではなく目が悪いせいだったのだ！　とはじめて気づいた末吉。眼鏡の必要性を悟った五左衛門は幸八の話に乗って、眼鏡工場への投資を決めるのだった。

明治三七年八月、幸八の紹介で大阪の眼鏡卸・明昌堂を訪れた五左衛門、無愛想な明昌堂主人橋本清三郎（**佐野史郎**）に頼みこんで眼鏡作り職人を倍の給料を払うと約束して借り受け、手先の器用な末吉をはじめとする四人が職人の元で修行をはじめる。当時の手作り真鍮製眼鏡フレームの工程が丁寧に説明されるのは興味深い。ひと冬かけて修行し、ようやく完成したフレームを明昌堂に持ち込むも、

「ええとこ半分ですな」

と末吉の作った分くらいしか引き取ってもらえない。しかも真鍮製のフレームはもう古く、今の

流行は洋銀や赤銅製のフレームだと言う。だが、大金を積んで大阪から来てもらった職人は真鍮製のフレームの作り方しか教えられない。しかたないので五左衛門、三年分の給金を払って指導の職人を解雇し、さらに大金を積んで明昌堂のエースである傲岸不遜な態度と額に垂らした前髪がトレードマークの豊島（**津田寛治**）を福井に招くことになる。五左衛門、完全に明昌堂に嵌められている恰好なのだが、ともかく眼鏡事業を成功させるためには……と先祖代々の田畑を売っぱらう勢いで資金をつぎこむ。一方、橋本の姪っ子（**秋田汐梨**）が明昌堂に出入りする幸八に思慕の念をつのらせて迫ってくるのだが、幸八のほうは消極的で……みたいな逸話が語られ、なんとなく幸八がむめに思いを寄せているのではと匂わされるのだが、じゃあそれが何か物語上の意味があるかというと特に何もなし。三人の三角関係は原作小説から設定されているようなのだが、これではトップビリングなのに特に目立った活躍をすることもない北乃きい（もっぱら家を守る貞淑な主婦なので、眼鏡開発にはかかわらない）へのサービスにしか見えないのである。

職人も増やし、豊島の指導の元、本格的にフレーム生産に取り組む増永眼鏡工場である。さらに豊島の提案で親方制を導入、職人を三班に分けて互いに競いあわせる方策を取る。これは見事に奏功し、品質は向上する。だが、ここまでの大盤振る舞いで増永家の資産は底を突きつつあった。ついに銀行からも追加融資を断られ、家屋敷の売却まで迫られて絶体絶命。そこで幸八が思い出したのが大阪天王寺公園で開かれる「内国協賛品博覧会」である。ここに製品を出品し、見事入選すれば増永眼鏡の名声は一気に高まり、注文殺到して一気に倒産の危機を逃れる、という寸法だ。どうも幸八のやることって一か八かの賭けばかりで、地道にコツコツやろうって方向には向かないんだよな。そこらへんに五左衛門から信用されない理由が隠されているような……だがしかし、今度ばかりはこの不利な賭けで勝負する以外、増永家が破産を免れる方法はない。というわけで三班それぞれが腕をふるって渾身の一本を作り上げる。はたして増永眼鏡代表となるのは誰の作る眼鏡なのか？　そして増永眼鏡は見事入選を勝ち取れるのであろうか？　結果はご想像のとおり。冒頭にも書いたとおり、増永眼鏡は現在も福井県で活躍中である。

なお、「おしょりん」とは福井の方言で、田畑を覆う雪が固く凍った状態を示すという。冒頭、「おしょりん」になった村、一面の雪の中で遊ぶ幼年期の増永兄弟の回想からはじまるのだが、映画の最後にはむめも入れて三人が子供になって雪原を駆けてゆく映像になって、過去が捏造されている！　と思ったことであるよ。

※**1**　**増永眼鏡**
明治三八（一九〇五）年、増永五左衛門が大阪から眼鏡職人を招聘し、福井県足羽郡麻生津村字生野（現福井市生野町）で眼鏡作りがはじまる。「内国協賛品博覧会」で賞をとったあとは評判が高まり、昭和天皇に眼鏡を献上したり、大阪万博の松下館タイムカプセルに眼鏡を納入したりしている。近年は、品質第一主義のもと、増永眼鏡のよさを広めようとヨーロッパ、アメリカ、アジアへも進出している。社是は「当社は、良いめがねをつくるものとする。できれば利益を得たいが、やむを得なければ損をしても良い、しかし、常に良いめがねをつくることを念願する」。

※**2**　**『えちてつ物語～わたし、故郷に帰ってきました。』**
『皆殺し映画通信　お命戴きます』二四六頁参照

ヒロポンもなければ志願の強制もない、
きれいな特攻隊員しかいない世界の英霊ファンタジー

『あの花が咲く丘で、君とまた出会えたら。』

監督＝成田洋一　原作＝汐見夏衛　脚本＝山浦雅大、成田洋一　撮影＝小林拓　主題歌＝福山雅治
出演＝福原遥、水上恒司、伊藤健太郎、嶋﨑斗亜、上川周作、小野塚勇人、出口夏希、中嶋朋子、松坂慶子

現代の女子高生が戦時中にタイムスリップして陸軍航空隊の特攻兵士と恋に落ちるという小説投稿サイト発の女性向けラノべ[※1]の映画化である。いやついにここまで来たのか。いや、ここでいうタイムスリップというのは「異世界転生」くらいの意味なのだろうから、会う人に片っ端から「日本はもうすぐ負ける。でも（今よりはるかに）いい国になるから」と言ってるヒロインが憲兵にとっ捕まらないのも、特攻兵が全員澄んだ目で「お国のために死んできます！」とさわやかに語る美しき理想の特攻隊員であるのも、突っ込んでもしょうがないことである。むしろファンタジーと思えば結構よくできているというか、話があくまでもヒロイン個人のレベルに収まっていて、「あなたの犠牲のおかげで今の日本があります」みたいなことを言いだしたりしない分にはこの手の英霊ファンタジーの中では良心的な方だとさえ言えるかもしれない。まあ、そうなればそうなったで、少女一人の更生のためにわざわざタイムスリップまでしたのかよ、ということになるのだが……。

悪夢のような世界で、わたしははじめての恋をした……高校三年生の加納百合（**福原遥**）は何事にも不貞腐れた女子高生。進路志望にも「就職（希望なし）」とやる気のない返事をして、教師か

ら「おまえの成績だったら大学にも行けるんだから……」と水を向けられても無視。三者面談にスーパー勤務の母（**中嶋朋子**）が遅れてくると「……魚臭い……」と吐き捨ててとっとと帰ってしまう。これ、彼女が同級生からダブルワークで頑張る母を馬鹿にされるイジメを受けているのだが、それをそのまま母にぶつけているのである。ひどくないですか？　家に帰ると、娘を大学にやるのは死んだ父親との約束だったのだからお金なら大丈夫、と言う母に向かって、「警察官だったお父さんは、溺れそうな子供を救って自分は死んじゃったんでしょ。おかげでお母さんはこんなに苦労してるんじゃない！　自分の子供のことなんかどうでもよかったのよ！　今わたしたちがこんな暮らしをしてるのも、全部お父さんのせいよ！」

と暴言を吐く。本当に最悪だなこいつ。思わず手をあげてしまった母。百合は家を飛び出し、雨の中さまよったあげく山の中の防空壕の跡に迷いこむ。雨宿りをするうちに疲れて眠ってしまった百合、翌朝めざめると防空壕の外は一面の田圃、道路は舗装もない泥道。え……ここは？

そのままふらふらと歩いていった先で、空腹と熱中症からばったり倒れてしまう。そこで青年が助けの手を伸ばし「大丈夫ですか。これを飲んで」と水を口に含ませてくれる。彼に連れられて鶴屋食堂に行き、女将のツル（**松坂慶子**）に食事を食べさせてもらってようやく人心地ついた百合。食堂の新聞を見て、「昭和二〇年六月一四日……？」と困惑する。まさか……一晩寝ていただけで時を駆ける適当すぎるタイムスリップで第二次世界大戦真っ只中、沖縄戦も帰趨が見え日本の敗色濃厚だった時代に来てしまったの!?　行く先がないという百合を住み込みで働かせてくれる親切なツル。百合は今どきの女子高生であるにもかかわらず髪も真っ黒だし変なアクセもつけてない清純派女子高生ファッションなので、敵性分子とみなされることなくスムーズにこの時代に移行できるのだ。そしてそこで百合は自分を助けてくれたイケメン青年が近くの陸軍基地で命令を待つ陸軍航空隊の特攻兵佐久間アキラ（**水上恒司**）だということを知るのだった。

　これ、舞台は「桜田陸軍航空隊基地」という架空の場所なのだが、松坂慶子が演じているツルがどう見ても「特攻の母」と呼ばれた富屋食堂の鳥濱トメ[※2]をモデルにしているので、基地も鹿児島の知覧飛行場なのだろう。あまり鹿児島っぽさは感じられなかったが、そこはなろう的ファンタジーワールドなので。そんなわけで鶴屋食堂で働くうちに、同年輩の魚屋の娘千代（**出口夏希**）と仲良くなり、さらにアキラの明朗快活な特攻隊の仲間たちとも知り合うにいたる。それにしても過去世界にスムーズに溶けこみすぎの百合、「ケータイ使えない！」とか「右書きだ！」とかその程度の定番のタイムスリップあるあるすらなく、平然と食堂の手伝いをしたり、アキラと楽しくデートしたりの日々である。かき氷をおごってもらうも、砂糖水をかけただけのかき氷に「メロンとかイチゴとか……」と一瞬不満顔を見せるものの、食べてみると「……しあわせの味だ！」とまさに足るを知って戦時下生活に適応してしまう。今のはやりなんだか知らないけれど、葛藤のまったくないタイムスリップになにか意味があるのだろうか。アキラは百合の年齢を訊き、同い年の妹を重ね合わせる……というのだが、それ数え年だから！　どっちかというとアキラの年齢のほうが百合と近いような気がするんですけどね。

　ヒロポン[※3]もなければ志願の強制もないきれいな特攻隊員しかいない世界だが、最年少の板倉（**嶋崎斗亜**）は里心がつき、許嫁に会いたい、死にたくないと脱走する。ほどなく板倉を発見した隊員たちだが、彼の若さを鑑みて逃してやることにする。いよいよ出撃の前夜、アキラは百合を連れて一面の百合が咲く丘へ行く。これがタイトルにも出てくる「あの花が咲く丘」だ。翌日、アキラがツルに百合宛ての手紙を託していたことを知り、思わず飛行場へと走る百合！　滑走路に駆けつけるがアキラはまさに（一輪の百合を握りしめて）出撃へと飛び立ってゆく。崩れ落ちる百合。そして……目が覚めるとそこは防空壕だった。外はアスファルト舗装の道路。

現代に戻ってくると六月十五日朝。昭和二〇年では一ヶ月近い時間が流れていたが、現代ではわずか一晩。たいへん都合のいいタイムスリップである。ていうか一晩の夢だったのか？　家出されたと思った母は腫れものに触るような態度をとっているが、冒頭とはうってかわってしおらしくなった百合は口答えもせず家事を手伝い、ツル直伝のアジ天（アジのつみれ）を作ったりして甲斐甲斐しく働いている（ただし過去にいたときには料理を手伝ったりする描写は一切なかったのだが……）。そんなある日、高校の社会見学で向かった特攻記念館で……。

まあそういうわけでアキラの思いに触れてよかったね、という話なのだが、この副音声映画にあって父親の死をどう感じるようになったのかが明かされないのはやはり逃げじゃないのと思わずにいられない。てっきり、最後はあの百合が咲く丘に一人で行くものだと思ったんだけどな。

※1　小説投稿サイト発の女性向けラノベ

映画の原作は小説投稿サイト「野いちご」で『可視光の夏－特攻隊と過ごした日々－』（原題）として公開された、汐見夏衛によるラノベ。二〇一六年七月に改題、スターツ出版文庫として刊行された。TikTokなどで話題になり、シリーズ累計発行部数百万部を突破している。なお作者の汐見は鹿児島県出身とのこと。

※2　富屋食堂の鳥濱トメ

一九〇二～一九九二年。鹿児島県知覧町で「富屋食堂」を営む。一九二九年（昭和四年）に開業した富屋食堂は、一九四二年（昭和一七年）に知覧町に陸軍知覧飛行場が完成したのに伴って、陸軍指定の食堂となった。一九四五年（昭和二〇年）に、特攻作戦が始まると、食堂に通っていた特攻隊員から家族などへの手紙を託されてかわりに投函したり、出撃の様子を家族に知らせる手紙を書き、多くの特攻隊員の面倒を見て、「特攻の母」と慕われた。戦後は、特攻隊員慰霊碑建立に尽力し、かの地を訪れる遺族のために旅館を開き、経営した。現在も旅館や食堂の経営は引き継がれている。

※3　ヒロポン

主要成分はメタンフェタミン。覚醒剤の通称としても膾炙している。かつては合法で、ひろく流通していた。ヒロポンという製品名は、疲労がポンと飛ぶ、あるいはギリシャ語「Philo-ponus」「労働を愛する」に由来するという。眠らなくても仕事ができるということで、疲労回復剤として戦前は深夜労働者や受験生などに広まった。戦争中は国策として、特攻隊の死の恐怖をやわらげるためにお茶の粉末にヒロポンを混入して固めた「突撃錠」「猫目錠」を特攻隊員に配給していた。特攻隊員に最後の食事として覚醒剤入りチョコレートも配布されていたという。現在も医療用として厳格な管理のもと、ヒロポン錠は製造されている。

その理由は、世界の大富豪はみんな宇宙に行きたがるから。宇宙に行っても、前澤友作から出る言葉は「うっわー！」「すっげー！」だけ

『僕が宇宙に行った理由』

監督・撮影＝平野陽三
出演＝前澤友作

　知ってるよ！　世界の大富豪はみんな宇宙に行きたがるから、その真似をしてみたかっただけだろ？　だが、もちろんイーロン・マスク[※1]は「人類意識を地球の外に広げるため」つまりまったく狂った使命感にかられて宇宙開発をしているのだし、ジェフ・ベゾス[※2]は男根型ロケットのように肥大したエゴでビッグ・スペース・ファックしたいだけだ。だが、前澤氏にはそんな内的理由は何ひとつない。単に自分の金の力を誇示したいだけである。だから宇宙に行っても出る言葉は「うっわー！」「すっげー！」だけなのであり、宇宙に出かけて何が変わったか？　と訊ねられることに苛立つのである。なぜなら前澤氏は冒険家ではなくただの観光客であり、観光客というのはガイドブックを読んで学んだことをそのとおりにくりかえす存在であるからだ。だから前澤氏は地球が青いことを、かけがえのない存在であることを、自分がカモメ[※3]であることを確認するために宇宙に行くのである。それがきみが宇宙に行った理由だよ。前澤くん、わかりましたか？

　はじまりは二〇一五年。カザフスタンのバイコヌール宇宙基地[※4]に、ソユーズの打ち上げ見学に行く**前澤友作**。「うわー！」「すげー！」「言葉にならないねー！」と感動し、宇宙に行くことを決める。

彼は月を周回する宇宙旅行の計画をたてていたが、それとは別にソユーズでＩＳＳ（国際宇宙ステーション）に行くことを決めたのだ。以下、前澤のここまでのライフストーリーが語られる。前澤パパとママも登場し、「あの子はおとなしい子で……」と誰一人まったく興味ないだろう生育歴を説明する。嬉しそうにライフストーリーが語られるのだが、そもそも前澤が大金持ちになったのもたまたまＺＯＺＯで一山当てたからである。マスクのように技術者としての天賦の才で会社を成功させたわけでもなんでもない。悪いけど、前澤の人生から学ぶことなんか何もないから！

さて、二〇二一年三月から前澤の宇宙飛行士としての訓練がはじまる。同行するはずだった一名が行けなくなったんで、かわりに本作の監督でもある平野陽三が行くことになる（前澤と一緒に訓練を受ける）のだが、この人、世界一ラッキーな人間なのではないか？　そしてここで言われている「同行するはずだった人」とはまさか剛力彩芽氏だったのか？

二人はガガーリン宇宙飛行士訓練センターをはじめとするロシア各地の施設で宇宙飛行に向けての訓練を受け、専用の宇宙服をオーダーし、発射へのカウントダウンが進んでいく。映画の三分の二はこの準備段階の紹介であり、実際にＩＳＳに行ってからの映像はごくわずかなのである。その部分はテレビ等のメディアで紹介済みだから、という理由もあるだろう。だがそれよりも、前澤がいかに「本物の宇宙飛行士」並みの厳しい訓練を積んでいるか、というアリバイ証明の意味が大きいように感じられる。これだけ大変な訓練をしているんだから、自分にも宇宙に行く資格はあるんだ、と言わんばかりである。だがそれはいったい誰に言い訳をしているのか？

もちろん、それは彼が本当に「宇宙に行けた理由」を知っている人に対してだ。もちろん金だ。誰もがいちばん気になっていること、前澤がいったいいくら使ってこの観光旅行を実現させたか、という点について、映画はいっさい触れようとしない。報道によれば一人あたり六千万ドルから一億ドルのあいだぐらいだというのだが、そのことは忘れてほしいのだろう。前澤はどうしても自分の宇宙旅行に金持ちの遊覧飛行以上の意味をもたせたいのだ。この旅行には意味があるんだと前澤は主張する。そう、意味はたしかにあるだろう。ロシアの宇宙飛行士ミシュルキン[※5]がインタビューに答えて言うように「前澤のおかげで、誰でも宇宙に行けることが証明できた」からである。誰でも宇宙には行ける。ただ十分な金さえあれば。

だが、たとえ金があろうとも、それで新しい知見が買えるわけではない。前澤はたびたび「宇宙旅行の経験で何か変わりましたか？」と聞かれることに苛立ち「どうしてみんな変わらせたがるんだろう？」と子供じみた反問をする。だが、前澤の旅があらかじめ決められた日程をこなすだけの観光旅行（スペクタクル消費！）である以上、そこで変化などあるわけはないのだ。前澤はＩＳＳに持ちこんだジグソーパズルを組み立てる。そこにあらわれるのは株式会社スタートトゥデイ（現在のＺＯＺＯ）の株式上場時に撮影した記念写真である。全員が白いＴシャツに「ＮＯＷＡＲ」の字をスプレーして、「こんな記念写真ないでしょ」と自画自賛する。ＩＳＳから地球を見ての感想は「国の偉いひとはみんな宇宙に来るべきだよね……地球が貴重なものだってわかったら、戦争とかしなくなるよね」。こんな使い古しの紋切り型が、あらかじめ準備されたものとして出てくるお粗末さ（厳しい重量制限の中でわざわざジグソーパズルをＩＳＳにまで持ちこんでいるのだから、最初からこれを計画していたことははっきりしている）。金はあるんだから、誰かもうちょっとちゃんとした人にシナリオを書いてもらったほうがまだよかったんじゃないのか。

残念ながら前澤の考えた脚本には大きな落とし穴があった。前澤が宇宙に飛び立ったのは二〇二一年十二月八日。その三ヶ月後、二〇二二年二月二十四日にロシアはウクライナに本格侵攻をおこない、ウクライナ戦争がはじまったのだ。もちろん前澤にその責任はなかろうが、あまりにお花畑な発言のオチにはなっているだろうか。

※1　イーロン・マスク
「人類意識を地球の外に広げるため」、また「人類をマルチプラネタリー（多惑星）の種族」にするという壮大な目標を掲げて、宇宙事業会社「スペースX」を運営、宇宙開発に邁進中。火星などに移住して、人類が多惑星種となれば、たとえ地球が滅亡したとしても人類は他の惑星で生き残り続けることができると主張する。目下のところは、再利用スペースロケットの打ち上げ着陸実験、宇宙から高速インターネット環境を提供する「スターリンク」の整備などで、より大きなスペースシップを建造し、火星への探査、移住などをめざしている。

※2　ジェフ・ベゾズ
現在アマゾンのCEOを退いているベゾスだがその理由が、宇宙開発・航空ベンチャー会社「ブルーオリジン」に時間を費やすためだという。二〇二一年七月には自身が保有する宇宙開発企業「ブルー・オリジン」の初の有人飛行に搭乗し、短時間の宇宙旅行に成功した。「ブルーオリジン」のサイトには「劇的な低コストと信頼性の向上で宇宙へのアクセスを可能にする技術を開発している」と掲げられている。だが、前述のマスクや、「ヴァージン・ギャラクティック」を立ち上げ、商業的宇宙旅行開発をすすめるリチャード・ブランソンなどと比べると、個人的に宇宙へいきたいとの思いが強く、現時点では利益は二の次という開発姿勢であると見られている。また火星移住を提唱するマスクとちがって、宇宙ステーションに人類は住むべきと主張している。

※3　自分がカモメである
一九六三年六月一六日にボストーク六号に搭乗したワレンチナ・テレシコワが宇宙から発した第一声が「私はカモメ」。カモメというコールサインを与えられた上での応答だったが、想像力を刺激する言葉で有名になった。その後、地球を四八周し、ほぼ三日間宇宙に滞在。これが人類初の女性の宇宙飛行であった。

※4　カザフスタンのバイコヌール宇宙基地
ロシア宇宙開発の拠点。旧ソ連時代からの拠点だったが、旧ソ崩壊後もロシアはバイコヌールを都市ごと借り上げており、市内はロシアの法律が適応されルーブルが使われている。世界初の人工衛星「スプートニク」を打ち上げ、人類初の宇宙飛行を遂げたユーリ・ガガーリンが旅立ち、人類初の女性宇宙飛行士ワレンチナ・テレシコワが宇宙へ向かった基地である。現在も国際宇宙ステーション（ISS）への有人飛行の主要基地としても活躍中。

※5　ロシアの宇宙飛行士ミシュルキン
前澤と平野が乗り込み、ISSへドッキングする宇宙船ソユーズを操縦し、宇宙飛行の指揮を執った。ISSにも長期滞在経験あり。

キャバクラ映画があるならホストクラブが映画を作ってもいいじゃないか！
というわけで大阪ミナミのホストクラブが製作。主役は現役ホスト！

『大阪男塾・炸』

監督・脚本＝花堂純次　撮影＝瀬川龍　音楽＝廃棄猫〜すてねこ〜Gt　主題歌＝スター☆HIDE様
出演＝スター☆HIDE様、塾長・拓真、野原なつみ、城美うらら、中尾みほ、南智章、菅原哲

キャバクラ映画があるならホストクラブが映画を作ってもいいじゃないか！　というわけで大阪ミナミのホストクラブ大阪男塾が製作する映画である。主役は現役ホスト！　ということで、もともと俳優志望だったりする現役ホストが主演で「女から奪うのではなく、与えるホスト」という大阪男塾のホスト道を嘘くさく描きあげる……ものかと思ったのだが、これがあにはからんや斜め上の方向に転がっていく映画で……なお、気になる現役ホストたちの演技っぷりだが、主演の二人は撮影前に二ヶ月の特訓があったとかで、頑張っているんですが滑舌がね……。

ホストクラブ「大阪男塾」の主任リュウジ（**塾長・拓真**）は出勤前に厄介客クロミ（**中尾みほ**）を同伴中。そこでケータイを睨みながらブツブツ言ってる男ノブナガ（**スター☆HIDE様**）とすれ違う。ノブナガ、もちろんオレオレ詐欺の掛け子で、世にも棒読みな詐欺の口上を述べると、見事にひっかかったおばあちゃんが法善寺横丁に百万円を持ってやってくる。ノブナガ、とりあえずおばあちゃんからお金をもらうものの、丸見えの詐欺に気づいた孫からの通報で警官に追われ、さらに詐欺の元締め金村（**南智章**）が見守る中を百万円を持って逃げることになる。水かけ地蔵から

黒門市場へとミナミの観光名所を逃げるノブナガ、必死で隠れてやりすごす。

一方、そのころ開店前の「大阪男塾」でも大事件が発生していた。その日は月に一度の給料日で、全員の給料として払う現金二千万円が事務所にあった。そこを「悪」と書いた見るからに悪い仮面の悪党三人組に襲われ、現金を奪われてしまったのである。意気揚々とアジトに戻ってきた三人組を、たまたま物陰に隠れて警察をやりすごしたノブナガは見ていたのだが、それはまだ後の話。

急を受けてクロミをおいて「男塾」に出勤のリュウジ。騒然とするホストたちを、取られた金は自分が埋め合わせて給料はちゃんと払うからとなだめる。だが二千万円もの大金、どうしたら……？　とりあえず知り合いに頭を下げまくるしかない！　というわけで母（**美村多栄**）をはじめいろんな人に会いに行き、そこらへんで昔話して過去を語っていくというパターンだがそれだけでは当然うまくいかないので、やはり高利貸し「鰐トラ」グループに頭をさげに行くことになる。もともと「男塾」に目をつけ、その利権をわがものにしようと狙っていた「鰐トラ」社長（**菅原哲**）、リュウジに土下座させてさらに頭を踏みつけにするみたいな悪党ムーブを見せ、一千万の貸付けに加えて東京のスーパーホストれん（**鈴木勤**）を送りこんで店を混乱させようとする。実は「鰐トラ」の壁には「悪」の仮面が貼ってあったりして、強盗の黒幕が「鰐トラ」だというのは見え見えなのだった。にもかかわらずオーナーのために警察には行けない、というリュウジ。

「……ヤクだ」

「え、あんなに苦労して抜いたのに！」

「最近様子がおかしかったやろ。ぼーっとして呂律まわらんかったり、急に店休んだり……」

ってオーナーシャブ中なのかよ！　強盗より何よりそっちのほうがヤバいよ！　急速に暗雲立ち込める「男塾」である。

百万円持って逃亡したノブナガ、思い直してお金をおばあちゃんに返しに行くと、おばあちゃんも喜んで許してくれる。そしてかつて育った養護施設に戻り、兄と慕ってくる幼馴染小夏（**朝乃あかり**）と二年ぶりに再会して初心を取り戻し、そしてオレオレ詐欺の道を捨て、ホストで一攫千金当ててやろうと考えるのだ。いいのかノブナガ！　そこは泥舟だぞ！

一方「鰐トラ」はれんを連れて夢洲に。

「MGMリゾーツが大阪に一兆円の投資をすると発表したんですわ」

「カジノ構想！」

「ここら一体が巨大なメリーゴーランドになるっつーわけですわ」

カジノ構想にたかる有象無象がここにもいた！「色恋はゼロが億になる商売なんですわ」と言う「鰐トラ」。そのためにれんを使って「男塾」を手に入れようとしていたのだった。あーもうこんな輩だけがハッスルしてるカジノ構想、万博ごとさっさと取りやめにしてくれないかな〜。

さて、そんなわけで翌日、満を持して「男塾」に登場するれん。同伴してきた謎の有閑マダムのベリル婦人（**城美うらら**）、いきなりモエのシャンパンタワーをふるまってスーパーホストの資本力を誇示する。そしてそのまま「じゃああとは店外で……」と出ていってしまうれんである。店の混乱が狙いなのか？　だけどこの調子でシャンパンタワー入れてくれるなら一千万の借金くらいすぐ返せてしまうのでは？　そして映画の冒頭からいかにもいわくありげに出ていた漫画家の客響子（**野原なつみ**）はどうなるのか？　子供の絵を書きながらしくしく泣いていたのはどういう伏線なのか？　そして女を搾取するのではないホストの生き方とはなんなのか、誰も教えてくれないな……と考える間もなくスター☆ＨＩＤＥ様の主題歌が流れクレジットがロールアップして映画が終わってしまった！　強盗の件も何も決着ついてないよ！　映画の最後にノブナガがついに「男塾」

に入ってホストとしての第一歩を踏み出すのだが、その冒険が語られる続編は決してこないような気がするのである。

「ぼくらのレシピ図鑑」第三弾は吉田うどんに人生をかける女子高生が登場！
だが、吉田うどんの良さについてはなにひとつわからない！

『メンドウな人々』

監督・脚本＝安田真奈　撮影＝武村敏弘　音楽＝西山宏幸
出演＝片岡千之助、藤嶋花音、柳明日菜、大迫一吹、佐藤鯨、鳴海翔哉、筒井真理子、的場浩司

映画24区！　地域×食＋高校生＝映画という勝利の映画方程式によって「ぼくらのレシピ図鑑」シリーズ[※1]を開幕、地域映画の世界に覇をとなえんとする映画24区の新作は山梨県富士吉田市！　YBS山梨放送のスペシャルドラマとして製作されたので、地方テレビ局製作映画でもあることに。それにしても、もともとドラマ制作能力があればこその地方局製作映画だったわけで、そこらへんを外部に頼ってしまうというのは地方局自体の衰えを示しているのではあるまいか……と余計な心配までしてしまった。さて、肝心の食のほうだがこれはご当地グルメの吉田うどん。[※2]監督・脚本は「ぼくらのレシピ図鑑」第一弾の『36・8℃』[※3]以来すっかり座付き監督の感がある安田真奈。そして方程式自体は、高校のうどん部に青春をかける高校生たち、という世にも安易な解法によって解かれたのである。

主人公、遠山雄大（**片岡千之助**）は何事にも自信もやる気もない高校生。自家の紡績工場を継ぐ優秀な兄と自分をくらべて劣等感を抱き、家にも居場所がなくてふらふらしている。今日も今日とて家に帰りたくなくて町をさまよっていると、酔っ払って歩いていた喫茶店主桑原（**的場浩司**）に

ぶつかって転げさせてしまう。見た感じまったく雄大少年のほうに責任はないのだが、なんせ万事に謝りながら生きているような雄大だけあって、喫茶店に通って桑原の手伝いをすることをみずから申し出る。

実はこの桑原役の的場浩司の演技が世にも珍妙で、どういう役作りなのかさっぱりわからないのだが、やたら大げさでつねに演技しているような大声の男。頭の中で起こっていることはすべて発声するのは当然のことだが、その台詞がすべて棒読み。遊んでばかりいるので妻には愛想を尽かされ、現在別居中である。もともと料理も苦手で、喫茶店の調理もすべて妻がやっていた。したがって料理は豚の生姜焼きしか出せない喫茶店はすっかり閑古鳥が鳴いており、別に手伝いなんかいらないのである。桑原もかまう相手がほしいだけだし、雄大も家に帰りたくないだけ。そんなわけで二人の利害が一致し、だらだらと放課後の喫茶店ごっこが続いていたのだ。

そこにある日突然闖入者。「どうせヒマしてんだろう」という商店街組合からの紹介で、山梨富士高校うどん部が訪れる。なんでも学校の家庭科室が水漏れで使えなくなり、毎週市民センターに出店しているうどん部謹製の吉田うどんも販売できなくなってしまう（この辺、保健所がどう判断してるのか気になる）。ついては喫茶店を使わせてはもらえまいか。うどん部はやる気満々でポジティブが制服を着ているような部長（**藤嶋花音**）とふんわり系のアミカ（**柳明日菜**）、真面目そうな下級生の三人。部長の勢いに逆らえず、桑原はそのまま喫茶店を明け渡す。というわけで部活の一貫として毎日のようにうどん作りに勤しむうどん部員たちが、吉田うどんの真髄を雄大にも教えてくれる展開になるかと思いきや……。

学校で部長から気さくに声をかけられる雄大を見た同級生が色めきたち、急に「俺にも部長紹介してくれよ！」と引っ張りだこになる。美少女部長、どうやらアイドル的な人気を集めているらしいのだが、それならそれでうどん部がもうちょっと盛り上がってもよさそうなものだが。実は美少女部長、部活動にはストイックかつスパルタなので、部員がどんどんやめていくのである。部長、実はスナックをやっているシングルマザーの母とDV野郎のその恋人との関係に悩んでおり、一刻も早くこの町を出ていきたいと思っているのだった。そのためには部活動で名をあげるしかない！というわけでうどん部に人生をかけて、部員をしごきまくっているのだった。

なので雄大が部活動につきあっている短い期間だけでも部員はどんどんやめていく。メガネくんも離脱、唯一の理解者だったアミカも「つきあってらんねー！」と部活を辞めてしまう。ここで部長に近づくチャンス！と「……ぼくが……部活入ってあげても……いいですけど……」と言いかけたところにアミカがイケメンの外国人留学生を連れて戻ってくる。しかもそのイケメン、露骨に部長狙いでコナかけてくるではないか。どうする雄大⁉

これすごいのは雄大は最後まで何もしないということですね。ついでに言えば桑原も何もしない。愛想を尽かされている妻に、いまだに上から目線のかっこつけたLINEを送って無視されていることを雄大にすら指摘されるところまで行っていても「知ってたのかー」と言って頭を抱えるだけで何もしない。雄大のほうはというと、何もしないでいるとイケメン留学生は勝手に好みのアニメコスプレ少女といい仲になり、最後には部長からデートに誘われるのである。いいのかそれで⁉ついでに言えば吉田うどんの良さも、やたら生地を練るのに手間と力が必要という以外、何も特徴がわからないまま終わってしまった……なお、本作は数か所で限定上映ののち、山梨放送で放映されて、それで良しということになった模様。

※1 「ぼくらのレシピ図鑑」シリーズ
これまでに『皆殺し映画通信』でとりあげたシリーズは次のとおり。
『36・8℃』……『皆殺し映画通信 骨までしゃぶれ』一八一頁参照
『夏、至るころ』……『皆殺し映画通信 地獄へ行くぞ!』二三八頁参照

※2 吉田うどん
富士吉田市が誇る郷土料理。コシが強く歯ごたえがあり、日本一硬いうどんとも言われる。シンプルなダシとキャベツや馬肉がトッピングされているのが特徴。富士吉田は繊維業が盛んで、女性が養蚕や機織りで手を動かすことが多かったため、男性が炊事を受け持ち、昼に女性がすぐ食べられるうどんを作るようになったという。男性が作るため、コシの強いうどんが生まれたとのこと。薬味には赤唐辛子をベースにしてゴマや山椒を加え油で炒めた「すりだね」を用いるのも特徴。

※3 『36・8℃』
兵庫県加古川市を舞台に、女子高生が屋上のキッチンスペースでイチジクをひたすらフィーチャーするレシピを考案する。なお『夏、至るころ』は福岡県田川市が舞台で、とりあげられる地域の食はパプリカである。

皆殺し映画通信

ＬＩＶＥ収録

第一部

皆殺し映画 2023総決算

収録:2024年4月1日　阿佐ヶ谷ロフトA

LA HISTORIA
ES NUESTRA
BLACKHOLE

終わらない年、二〇二三年の日本映画

勝手に盛り上がってみずからを危機に追い込む現代日本の縮図『TOKYO MER』

柳下　「皆殺し映画通信」トークイベント、今年もやることになりました。まず前半では去年の映画の振り返りをやりますが、ゲストに映画監督の村上賢司さんをお呼びしています。前半から恐縮です。

さて、去年の映画についてとなると、いまひとつ……ってことではないんですが（笑）、あんまりこれという感じがない。二〇二三年はどういう年だったか、一言で決まる、ピンとくるものがなくて。

村上　アカデミー賞で日本の映画が二つ賞を取ったりもしましたが、それらはピンときてない？

柳下　あまりピンと来なかった（笑）。そんななかで、自分的にはこれが一番去年を代表する映画かなあ、と思われた一本になりました。ご覧になりました？『TOKYO MER～走る緊急救命室～』。

村上　すみません、実はこれから出てくる映画、ほとんど見てないんですけど、これも見てないです。

柳下　これは本当に大ヒットした映画で、実はどの作品よりも見てる人が多いはずなんですよね。タイトルにある「MER」というのは緊急救命車なんですけど、車の中が滅菌室になっていて手術ができる。事故や事件があるとその救急車で現場に急行して、その場で手術をするというんです。でもこの人たち、明らかにアドレナリン・ジャンキーになっていて、やることがおかしい。事故の真っ最中の現場にどんどん駆けこんで、火が燃え盛ってる中で処置をはじめたりするんです。普通はまず救出、治療は外でやるわけですよ。二次災害三次災害を呼ぶだけですから。ところがこの人たち、あきらかに物

事の優先順位がおかしくなっていて、ガンガン二次災害を起こしてるんです。「こういう現場がある」と聞くと「行くぞ」って向かって、その場でトリアージを始める（笑）。冒頭、羽田かどっかで飛行機の事故があって、みんな現場から逃げてくんですが、彼らだけが飛行機に向かって突っ込んで乗り込んでいく（笑）。そこで肺気胸を起こしてる人がいると、いきなり肺に穴を開けて、空気を出して助かった、みたいなことをやってる。いくらなんでも危険すぎるでしょ。

村上　羽田の事故ってね、なんかタイムリーですね。

柳下　よりによってね。

村上　奇しくも、この映画の公開日、ぼくの誕生日（四月二十八日）なんです、どうでもいいですけど（笑）。

柳下　この映画、最初は肺から空気を抜く程度なんですけど、しまいには脳手術まではじめてしまうという。

村上　現場でですか？

柳下　現場で。

村上　いや、さすがにそれは厳しいでしょ！？

柳下　一応現場では誰も死んでない、現場では誰も死なないっていうのが売りなんですけど、そのあと病院に連れていかれて入院した後に死んでるでしょ。そういう映画ですね。これは何かもともとはどっかの地上波でやってたドラマですかね。

2023年とは?

◎岸田総理暗殺未遂事件
◎ウクライナ戦争終わらず（プリゴジンの乱）
◎イスラエルのガザ侵攻
◎2022年のたちの悪いパロディっぽい
◎いろんなものが終りそこねたままぐずぐずと
◎還暦（余生）

村上　ＴＢＳじゃないですか？

柳下　ＴＢＳか。まあこのデタラメで、勝手に盛り上がってみずからを危機に追いこんでる感じが今の日本だなあ、と思われちゃって。そんな意味で今の日本を象徴する、去年を代表する一本ですね。で、去年はどういう年だったか？

終わりそうで終わらない映画たち

柳下　もう皆さん忘れてると思うんですが、まず岸田総理暗殺未遂事件。爆弾投げたやつがいましたね。これについてはいろいろ思うところはあるんですが、ここでは申し上げられません。

それからウクライナ戦争、結局これも終わらなかった。プリゴジンの乱っていうのはなんだったのか。みんなもう忘れてると思うんですが、一日だけの反乱がありましたよね。あれでこの戦争は一気に終わる、いろいろ変わるだろうと思ったんですけど、特に変わらないまま反乱も終り、戦争はズルズル続いている。そしてイスラエルのガザ侵攻後、とてつもなく酷い状況が

終わりそうで終わらないものたち

◎幸福の科学映画
◎キリキリの終わり
◎地方映画（終わる気配もない）

続いています。

こういう言い方をすると不謹慎のそしりは免れないんですが、安倍首相の暗殺事件が一昨年にありまして、去年の岸田総理の暗殺未遂って、その下手くそなパロディみたいな感じがしましたね。まあ現実っていうのはそういうものなんでしょうけど、綺麗にスパっと終わってくれたらドラマになるんですけど、でも終わらないままズルズルと続いていく。二〇二二年はいろいろ終わる年でしたけど、二〇二三年は終わらない年でした。そして、ぼくも還暦になりました。

村上　赤いちゃんちゃんこ着られました？

柳下　着ましたよ、ちゃんと着ました。今日写真持ってくればよかったですね。今日は着てお（会場拍手）りませんが、そんなわけで、本来ならばぼくももう六十ですからね。引退の年ですから終わりなんですけど、これまたなかなか終わりそこねて、延々と余生を費やしているということですね。ということで、今年は終わりそうで終わらないものを集めてみました。

村上 え、終わらないんですか？

柳下 幸福の科学映画、もちろん大川隆法原作です。

村上 原作者がもういらっしゃらないわけですよね？

柳下 いないんです。しかしなんせあそこの教えは、本人がいなくてもイタコで何でもできるってことですから、てっきり御本尊が死んで終わると思ったらなかなか終わらない。ただ、この幸福の科学映画って地方映画館にとってはとてもお金になる映画で、そのおかげで存続してるところもたくさんあったわけです。

村上 地方のミニシアターですね。

柳下 ふだん一日に客が三人しかいないとか、そういうのが当たり前のようになってるところが、幸福の科学映画があると、たとえ二、三週間のあいだでも、つねに満員になる。そういう意味で劇場運営に与える影響は大きかったはずです。

次の「キリキリ」っていうのは紀里谷和明さん、宇多田ヒカルの元旦那さんですね。そのキリキリの最後の映画が二〇二三年に公開されました。引退作と言われていますが、ぼくはわりとこれが重要な映画だと思っていて。たぶん村上さんは好きだと思うんですよ。馬鹿にして見てない人が多いようなんですけど。

村上 重要だと。

柳下 別に面白い映画でもすごい映画でもないんですけど、見過ごしてはいけないものではないかと。

そして地方映画、これはもうさすがに終わると思うじゃないですか。一過性のブームかなと思っていたら、全く終わる気配がない。

村上 ないですよね。

柳下 たぶん「皆殺し映画通信」みたいな連載をやってるせいで敏感になってる部分も間違いなくあるわけですが、それにしたって多いだろってくらい、去年もいっぱいありました。

ハッピーサイエンス映画の終わり？

◎2023.3 大川隆法逝去
◎大川隆法イタコ総指揮
◎『レット・イット・ビー〜怖いものは、やはり怖い』（2023.5公開）
・最後の大川隆法製作映画
・『夢判断、そして恐怖体験へ』（2021）の続編
・心霊恐怖オムニバス
◎『呪い返し師─塩子誕生』（2022.10公開、なぜか2024.1からDVD、配信で公開）
・企画：大川紫央

イタコ製作総指揮は可能なのか？最後（？）の幸福の科学映画

柳下　ということで、まずはこの作品、『二十歳に還りたい。』からです。

村上　いきなりわかんないのが出てきた。

柳下　これは老人が祈るといきなり二十歳になって、青春をもう一度やりなおすという話なんですけど、てっきり時間をさかのぼって、かつて失敗したこと、たとえばこの主人公は子供との関係がうまくいかなかったとか今悩んでるわけですけど、そういうことを過去からやり直す話なのかと思ったら——てか誰でもそう思いますよね——そうじゃなくて、単に今の時代、二〇二三年の現在で二十歳に戻って、すでに一度人生を送ってきた経験値があるんで、それを元にもう一度青春をやり直すという話。基本、本人がいい気持ちになるためだけの映画なんですよ。

村上　本人が二十歳になっちゃうんですか？

じゃあ元の老人は消えるんですか？

柳下　そこら辺はよくわからないですけど、まあいないんでしょう。いきなり大学の新入生になって、母親から仕送り受けてたりするんで、どう辻褄を合わせるのかいろいろ考えたんですけどよくわからないまま。もちろん最終的には夢オチなんですけど。

　実は二月に大川隆法総裁が逝去なさったあと、もう一本『レット・イット・ビー～怖いものは、やはり怖い～』という心霊映画が二〇二三年五月に公開されてます。おそらくこれが最後の大川隆法製作の映画ですね。亡くなる前に完成していたかどうかはわからないんですが、大筋はできあがっていたはず。

　というのは、ハッピーサイエンス映画って、毎回大川隆法作詞作曲のものすごくトンチキな主題歌がついてるんですよ。これを聴くとどんなに話があれでも、千眼美子さんが出てなくても、やはりなんかすごいものを見たな、聴いたなって感じになる。曲は配信で、Spotifyなん

BLACKHOLE

かでも聴けるんですが、あんまり聴いてるとそれに好みが汚染されて、そればっかりかかるようになるんで気をつけてください。

で、この映画にはちゃんとそのトンチキな歌がついてきます。この『レット・イット・ビー』がどういう映画かというと、以前に『夢判断、そして恐怖体験へ』（二〇二一）という夢判断をする学者に会いに行って「それは前世の夢ですね」とか言われる映画があったんですが、その続編にあたる心霊恐怖オムニバス映画です。

で、これはまだ大川隆法がかかわってる可能性はあるんですが小品。そのあとが『二十歳に還りたい。』で、これは二〇二三年九月公開。さすがに亡くなった後の製作ですよね。なのにクレジットも「原作・製作総指揮」になってる。だからこれは大川隆法直伝のイタコ製作総指揮で、誰かが降ろして作ってると思うんです。

村上　なるほど、イタコ製作総指揮映画……。いや、「なるほど」って言ってますけど全然納得してないんですけど……。

柳下　でもおそらくこれが最後になるんじゃないかと思います。もちろんこの後もイタコ製作総指揮で続けてゆく可能性はあるんですけど。別に裏を取った話でもないんですが、今の幸福の科学の指導部や幹部は、あんまり映画製作に乗り気じゃなさそう。大川隆法先生は本当に映画好きだったし、なんなら映画スターになりたいって人でしたから。『二十歳に還りたい。』でも二十歳に還って主人公が何をするかっていうと、芝居をやるんですよ。「ロミオとジュリエット」をやって「すごい演技だ！」とか言われる。ロミオ役で人生経験もクソもなかろうと思うんですが。たぶんそこらへんがイタコ原作者の願望なのかなあ。ただ、今後の映画製作がないとなると、はたしてどうなるのか。

あともうひとつ謎がありまして、二〇二二年十月、ちょっと前に作られた『呪い返し師――塩子誕生』という映画。これもトンチキ主題歌で、「塩子、塩子、塩子がやってくる～♪」みたいな歌があるんです。貞子じゃなくて塩子。

どう見てもホラー映画みたいな話なんですけど、塩子が怖いわけじゃなく、彼女は呪いを打ち返すヒーローなんですね。この映画がなぜか今年になってからＤＶＤと配信で公開。これでえっ？　って思ったのは、明らかにこれよりもメインだったはずの映画がまったくＤＶＤにも配信にもなってないんですよ。

村上　なるほど、これだけなんですか。

柳下　千眼さんの主演『愛国女子――紅武士道』（二〇二二）っていう、千眼さんが日本を呪ってくるヤマタノオロチを退治する映画があります。ヤマタノオロチっていうか明らかにキングギドラなんで、これは金子ゴジラリスペクト作品として、もうちょっと評価されるべき、いや評価されなくてもいいけどぜひ機会があったら見てほしい、わりと面白い映画があったりするんです。こっちの映画のほうが絶対にウケるし、千眼さんは今の幸福の科学で一般にも知られている唯一のスターですから。ただまあ、ここんところ映画出ていないのは、大川総裁がいなくなったことと関係してるのかな。

この『呪い返し師』だけは企画が大川紫央さん、つまり大川未亡人ですね。二人目の奥さんで、これも噂ですけど彼女が元息子とか娘との権力闘争に勝利して、彼らを追い出して実権を握っているとか？　なので、彼女が企画に参加しているこの映画だけがなぜかリリース・配信されてるのかなあ。

村上　ちょっときな臭い内部抗争みたいなものも感じますね。

柳下　だからあんまり映画をやろうとしてるとは思えないんですよね。今年ももう四月ですけど、全く新作の噂を聞かないですからね。

村上　そうすると地方のミニシアターもちょっとまずい状況に。

柳下　まずいんじゃないですかね。夏というか毎年五月、ゴールデンウィーク前にだいたい公開してましたから。

村上　全然情報ないですもんね。

柳下　ない。たぶんこれは本当に終わりかと思

います。その意味では本当に地方のミニシアターの経営が心配だったりします。

村上　ぼく昔、『ファイナル・ジャッジメント』（二〇一二）は見たんですよ。友人の監督が、なんか幸福の科学の支部みたいなとこ行くとチケットもらえるからって三枚ぐらい用意してもらって。で、すごい面白かった。

柳下　面白いでしょ。あとやっぱりみんなに見てほしいのは『仏陀再誕』（二〇〇九）ですね、アニメですけどあれはすごい。幸福の科学みたいな宗教団体と、その敵である邪教の××会が戦う宗教戦争映画なんです。傑作です。もし本当に今年公開がなかったら、ちょっと来年は幸福の科学映画の総括を、ぜひ見ている人たちを集めてぜひやりたいですね。

村上　見てる人って、信者じゃないですか。

柳下　そうか、信者と俺だけか（笑）、信者に聞きます。

村上　景山民夫さんにも聞きましょう、降ろしてもらって。

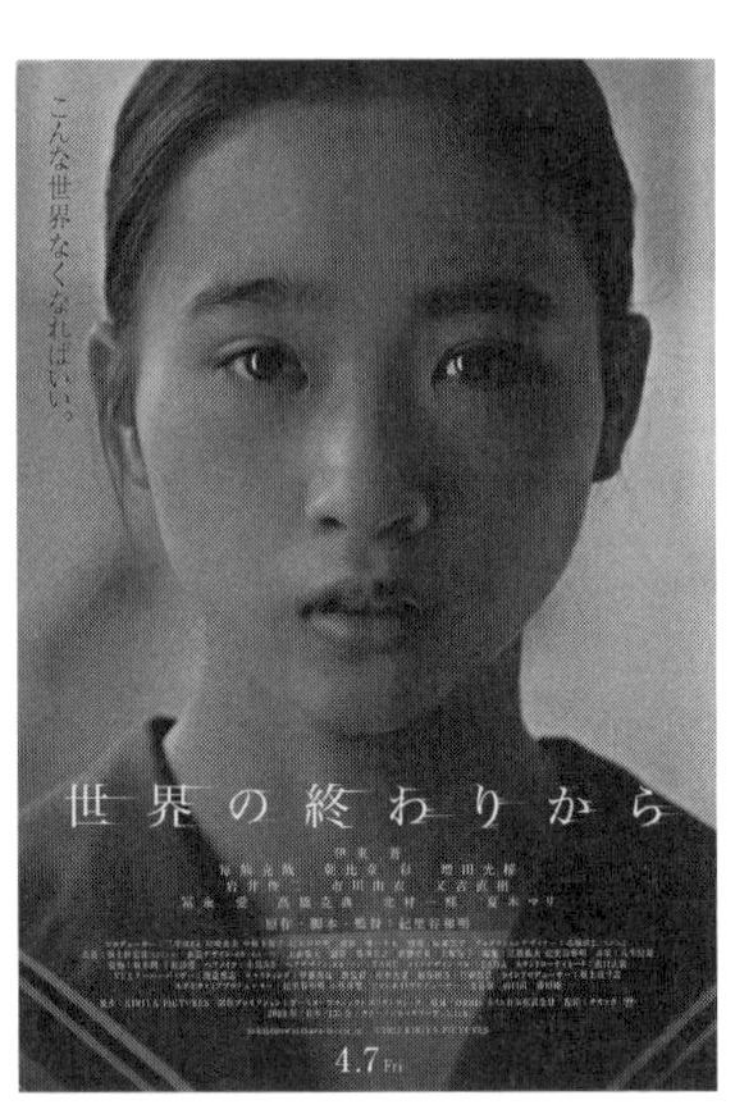

柳下　イタコをね、そうですね。それはぜひやりましょう。そして、『世界の終わりから』です。

真のセカイ系映画作家、キリキリ

柳下　ヒロインのハナはいじめられっ子で、毎晩変な謎の夢を見るようになるんですが、実はその夢が重要で。謎の老婆、夏木マリが世界の運命を全部記した本を持ってるんです、アカシックレコードですね。ところがその本には今から二週間後までしか記録がなくて、そこから先は空白になってる。二週間で世界が終わる、その世界が終わりを止める鍵は彼女の夢にあるんだということになる。すごいでしょ。

村上　すごいっすね。予告編、幸福の科学の映画の続きを見てるみたいな感じだ。

柳下　（笑）。

村上　全くボーダーレスなんですけど、大丈夫ですかこれ？

柳下　これは監督の紀里谷さんがね、要するに自分は思いを込めた映画を作ってるにも関わらず、ぼくみたいな奴が見て毎回馬鹿にする、それでつらい思いをしたからもう映画なんて辞めてやるっていう思いが炸裂している映画で。

村上　すごいっすね、これは見たい。

柳下　本当にね、紀里谷さんって本当やっぱすごい人じゃないですか、というか本当に変な人で。このレベルの映画を、完全に個人映画として作ってるんですよ。で、彼は本当に大金持ちだから自分の金で作ってんのかと思ったら、そうじゃなくてちゃんとお金を集めてきてる。たぶん自分の金でも作れると思うんですよ、そのくらいのお金は持ってる人だと思うんで。でもこれは結構なお金を集めて、完全に商業映画として作ってるんです。にもかかわらず、これは完全な個人映画。彼のメッセージしかない。話の論理とかもちろんいろいろあるんですけど、二週間後に世界が滅びるかどうかは君の夢にかかってるんだ、みたいなことを言われるわけですが、ハナがなぜそんな重要な夢を見てるのかとか、そういう説明があるわけでもない。ただたんに夏木マリから「あんたの夢で世界が助かる」と言われて、「なんで?」ってなるんですけど、理由はない。そういうものなんですよ。要するに個人の思いと世界の運命とは直結しているというセカイ系、真のセカイ系ですね。新海さんとか庵野さんとかいますけど、やっぱりセカイ系はキリキリですね。これが真のセカイ系だと思います。

村上　本当に見たいと思います

柳下　これもその一部なんですけど、去年って何となく世の中暗かったんだなあって思わされましたね。次の映画も同じです。

オタク頂上決戦二〇二三
〝シンカメ〟庵野VS〝ゴジマイ〟山崎

村上　『シン・仮面ライダー』は見ました。

柳下　これはなぜか知らんけど浜辺美波コレクションということになりましたね。去年のオタク頂上決戦、『シン・仮面ライダー』対『ゴジラ-1.0』、つまり庵野VS山崎で、勝手に戦わせてます。そういうことを考えていたわけでもないんでしょうが、二人とも、オタクが一般向けの映画を作るという挑戦になった。でもどちらもぼくは「ちょっと違うよね……」という感じでした。村上さんは『シン・仮面ライダー』いかがでしょう。

村上　いや、あまり語りたくないです……。でもＮＨＫのドキュメンタリー(「ドキュメント

仮面ライダー VS ゴジラ

◎2023年オタク頂上決戦
・オタクから一般向け映画への挑戦
◎浜辺美波コレクション
◎ヤマザキ！　××を撃て！
・『ゴジラ-1.0』には何が出てこないのか？
・GHQの登場しない旧日本軍映画
・ゴジラvs旧日本海軍

『シン・仮面ライダー』〜ヒーローアクション挑戦の舞台裏〜」はすごい面白かったですね。

柳下　あれが我々の思う庵野さんの味ですよね、まさに。

村上　現場で監督があそこまで、わがままできるってすごいなと思いました。胆力があるのかなんなのか、よくわかんないですけど。

柳下　森山未來さんがすごいなと思いましたね。打ち合わせで「やっべえ現場だなここ」って顔をしてるのが（笑）。「これはしょうがない、俺が全部仕切らないと何もできない」ってどっかで悟ったみたいで。

村上　ところで三つ目の「××を撃て！」がちょっと不審な……わかる人はわかると思うんですが、これは書くと炎上するんですかね……？

柳下　要はオタクから一般映画向けに脱皮するっていう姿勢の二本ですが、結局どちらも幼稚なんじゃないのって思いが拭えなかったわけですね。もちろん山崎さんはアカデミー賞ももらって大変良かったです。ただぼくはずっと批判

的なんで、「今どんな気持ち？」みたいに煽られることが多いんですけども。

村上　そういうときはどう答えるんですか？

柳下　いや、別に「おめでとう」としか……。だってあれSFXでもらっただけで、別に演出が褒められたわけじゃないし。アメリカ人が一九四七年当時の日本の状況について、どれだけわかってるのか、ただのファンタジー世界と思ってない？　まあそれは山崎さんもファンタジー世界の中で遊んでるだけなんで、同じことなのかもしれない。

　そこが『シン・仮面ライダー』のドキュメンタリーの中の庵野さんのスタンスとかぶるわけですよ。庵野さんは「お約束のアクションシーンが嫌だ」と言うんですけど、じゃあどうするってなったらどうしたらいいのかわからなくなってしまう。それって結局『エヴァンゲリオン』でずっとやってきたことのくりかえしなんですよね。「アニメのお約束って嫌だよね」って言って、庵野さんはお約束的にアニメをやることはめちゃくちゃ上手いわけだけど、でもそれでは嫌だ、真実の何かを取り込みたいってずっと苦闘してたわけですよね。『シン・仮面ライダー』でも同じで、それがドキュメンタリーで可視化されたわけです。庵野さんはその意味で、箱庭から出ようと悪戦苦闘してるんですよね。できてるかどうかはともかく。

それに対して、山崎さんは自分がやりたいことのできる箱庭の中でやってるだけだと思うわけです。たとえばゴジラが銀座で火炎を吐くわけですが、その火のもうちょっと先にですね、本当はあるわけですよ、「何か」が。

村上　それが「××」ってわけですね。

柳下　結局そこには火が行かないようにすることで、ＧＨＱが出てこない日本占領映画に留まっているわけで、そこは逃げてる。やっぱり箱庭ですよ。ゴジラ対旧日本海軍という図式も、ゴジラが水爆実験で生まれたことは外せないから無理やり一九四六年のビキニ環礁における最初の水爆実験と絡めて四六年から四七年頭の設定にしただけで。それで無理やり日本海軍を出す。そういうので喜んでるのがなんか幼稚だなって。アメリカ人はそんなことわかんないからさ。

村上　たぶんそこあたりの歴史は興味ないすもんね。

柳下　そうそう。四六年にゴジラが出てきて日本海軍と戦うよというときに、大戦での日本の加害性っていうのが全くネグられちゃうわけじゃないですか。日本軍の加害者としての振舞いに対して、罰としてゴジラが来るっていうほうがまだわかる。初代五四年版の『ゴジラ』って、多分そういう思いもあったわけですよね。そこがないままで、なんかね、いい気なもんだなって感じです。まあアメリカで賞もらってよかったね。

村上　なるほど。まあ××に何が入るかは、ググればわかります。

柳下　そして浜辺美波さんは本当に象徴的な存在になっちゃいましたね。どちらもお人形さんなんですけど。そして去年の象徴がもう一つ、これです。

剛力ちゃんは地方でドサ回り、前澤さんは宇宙へ

村上　これも見てないな……。

柳下　これはね、剛力ちゃんVS前澤さんっていうね、剛力ちゃんのことはみんな忘れてると思うんですけど、本来は一緒に宇宙に行くはずだったんですよ。

『僕が宇宙に行った理由』という映画がありまして、前澤さんが宇宙に行った理由を教えてくれるんです。お金を払って、映画館まで前澤さんが宇宙に行った理由を聞きに行ったと思うと、すごいことだなと思いましたね。

村上　すごいっすね。

柳下　前澤さんが昔やってたバンドが出てきたり、お母さんが「昔はこんな子でね」みたいな話を語ってくれる映画です。

村上　これはお金を払って見るものなんですか？

柳下　うん、だって劇場でやってたんだから。すごいのは「前澤さんが何かすごいことやった」みたいな作品になってるわけですよ。彼の生まれ育ちから始まって、会社作ってそれが大成功し、そして宇宙に行ったところまで。

村上　行った理由は何かあるんですか。

柳下　特にない。

村上　え、ないんですか（笑）。

柳下　この人ってたんにお金持ちなだけなんですよ。たまたまZOZOTOWNが上場して大成功して、その株を売り払って大金持ちになりました、そこで世界のお金持ちはみんな宇宙に行ってる、じゃあぼくも宇宙に行こう、となっただけなんです。

村上　この人、宇宙に行ったときの一言が「宇宙はありました」なんですよね。そうか、あるんだなあって。

柳下　うん、ぼくもあると思ってましたよ。だから何も言うこともないし、特にやることもないわけですよ。せっかく宇宙に行っても「わーっ」とか「すごい」とか「うおっ」とか言ってるだけ。でも映画はこの人を偉人として扱ってる。あと何やるかっていうと、世界平和を訴えることと、ジグソーパズル。

村上　ジグソーパズル？

柳下　予告編にも一瞬映ってましたけど、ZOZOTOWNの前身の会社で最初に上場したとき、創業者仲間と一緒に揃いのTシャツを着て「ピース」とかやってる写真をジグソーパズルにして、宇宙に持っていって組み立ててるんですが、「やっぱこの思いを大事にしたい」とか言うんです。

村上　それが映画になってるんですか？　これ見てる人ってどんな気持ちなんでしょう。

柳下　もう顔がぼーっとしている……無になりますよね。彼が何もやってないとは言わないですよ、ECサイトを作って成功させたわけで。でも別に発明家でもないしロケット作ったわけでもないし、イーロン・マスクとは違うわけですよ。ぼくは二千円払って、その人がお金を何十億かロシアに払って宇宙に行きました、国際宇宙ステーションまで行きましたという自慢話を聞かされたわけです。これ十二月二十九日公開なんですが、ぼくは十二月三十日生まれなんで、誕生日の前日だからまだシニア料金じゃなかった。

村上　初日に見たんですか、これふつう初日に行きますか(笑)？

ミス皆殺し

◎ゴーリキちゃんドサ回りシリーズ
・2021年『ペルセポネーの泪』信越放送70周年
・2023年『女子大小路〜』メ〜テレ60周年
・「ボーイッシュで活動的な少女」という役作りのまま、いい年になってしまったので、単に口が悪くて乱暴な女性に……
◎一方、武田梨奈は『尾かしら付き。』で尻尾の生えた青年と恋仲になるアラサー女性を演じていた。

柳下 でも東京で一日一回上映ですから。

村上 初日はお客さん入ってたんですか？

柳下 五人ぐらいいた。ＺＯＺＯの社員くらい来いよと思いましたけどね。ただ、これで気になっていたのは、前澤さんってもともとこの宇宙旅行に二人分の枠を取ってたんです。でも一人はキャンセルされちゃったので、本来リザーブだったはずの撮影監督が宇宙に行った。たぶん彼こそが世界一ラッキーな人だと思うんですけど、本来行くはずだったのはこの人なんじゃないかと。

村上 あー、なるほどね。剛力さん。

柳下 はい、剛力さん。これは岐阜県のどっかの街で、剛力さんがホステスをやっている映画です。これが実にどうでもいい話で。

村上 いや、でもおもしろそうな気も……。

柳下 『女子大小路の名探偵』ってタイトルですから、てっきり剛力さんが名探偵役なのかなと思うわけですが、特にそういうわけではなく、彼女の弟ってのが映画の最後に探偵になるんです。口が悪くてアクティブな剛力ちゃんが、巻き込まれた事件の中でいろいろな人をぶん殴ったりしながら解決するという話です。そしてなぜか彼女は老人萌えで、田中要次にホの字だったりするんですが、誰に向けて作られてるのかがよくわからない。

村上 これは地方映画ではないんですか？

柳下 しっかり地方映画です。名古屋のメ〜テレの六十周年記念映画なんです。実は剛力ちゃんには、二〇二一年に『ペルセポネーの泪』という長野県の信越放送の七十周年記念映画があるんですが、これも実際に見てもらわないととても信じられないような話なんですね。ギリシャ神話にペルセポネーっていう女神がいるんですが、あるとき彼女は冥界の王であるハーデースに攫われちゃう。ペルセポネーはデーメテールという大地の女神の娘なんですけど、その母親がそのことに怒り悲しんで引きこもってしまったので、大地の恵みが枯れ果てる。これはやばいぞって主神ゼウスが介入し、娘を返してやれよとハーデースに言い、渋々返すことになる。でもペルセポネーはその前にザクロの実を食べてしまったので、そのせいで年に四ヶ月は冥界の死の国に行かなければならなくなってしまった。その時期はデーメテールが悲しむために冬が訪れるという伝説があるんです。剛力さんはそのペルセポネーの生まれ変わりだという話なんです。

村上 ええ……すごい話だ。

柳下 そういう話が信越放送七十周年作品になっている。とにかくですね、いま剛力さんはなぜか中部地方のドサ回りづいているんですよ。この対比はすごいなと。かたや宇宙、かたや中部地方。

村上 地方巡業、こっちの方がいいじゃないですか！

柳下 毎年、「ミス皆殺しは誰だ？」と決めているんですが、やはり今年は剛力さんしかいないなと。これからもどんどん剛力さんには地方巡業をやってほしいですね。

この二本の映画って、名古屋と岐阜の有力企業が特別協賛にいっぱい名を連ねていますが、おそらく電通みたいな大手広告代理店の中部支局みたいなところが中央と同じような形で、優良企業を集めてメディア企業と組んでやってるんですよね。このケースだとCS放送で宣伝をやるという。

村上　メ～テレってドラマとかでも、面白い作品が作られたりしていますよね。

柳下　ええ。でもそういう会社だと思ってると、なかなかそう一筋縄ではいかない。村上さんもよくご存知だと思いますけど、我々が見ているものというのはそこで作られたもののごく一部でしかないわけです。

そして毎年のことなんですが、いま武田梨奈はどうなってるのか、ずっと注目してるんです。空手アクションの上手い人なんですが、最近は空手アクション映画が見事にない。こんなところで言ってたって誰も聞いてくれないとは思いつつ、事務所の方には「人間、身体が動く時期は限られてますから、とにかく何でもいいからいますぐ空手映画を作ってくれ」と言いたい。たとえば『尾かしら付き。』っていう映画がありますけども…

村上　これ映画の題名なんですか？

柳下　そうです。尻尾の生えた青年と恋仲になるアラサー女性を演じている。

村上　面白そうじゃないですか！

柳下　面白いですよ。でも別にそれはね、武田

梨奈に求められていることじゃないわけで。

村上　彼女はアクションですよね。でも、『尾かしら付き。』ってなんなんですか。

柳下　いや、青年に尻尾がついてるから『「尾かしら付き。」』。

村上　ああ、なるほど……。

柳下　何もなるほどじゃないでしょ（笑）。

村上　いや、ぜんぜんわからないんです。でもまあ、自分もそういう映画を作る方ですからね。全部、好意的に見てますよ。

柳下　そして次は去年のヒロイン、綾瀬はるかさん。

次世代の吉永小百合!? 綾瀬はるかはどこへいく？

柳下　綾瀬はるかさんって、いまたぶん日本でナンバーワンの女優というか、ヒロインですよね、ここ数年ずっと。綾瀬はるかが次代の吉永小百合的な存在になるんじゃないかと思ってまして。次代の永遠の処女なんじゃないかという。

村上　それもそうですし、同じように反戦を訴える平和活動もしてらっしゃいますし。

柳下　でも『リボルバー・リリー』とか見てると、あんまり反戦とか関係ない感じがしますよね。

村上　これ行定（勲）さんなんですよね。

柳下　ともかくですね、綾瀬はるかがリボルバー・リリーという二つ名を持つ暗殺者なんですね。その彼女には育ての親だったような人がお

ヒロインは綾瀬はるか

◎リボルバー・リリー
◎キムタク&バタフライ

りまして、その一家が殺されてそこの息子だけが助かり、彼女がその息子を守って旧日本陸軍と戦うという、一応話としてはカサヴェテスの『グロリア』(一九八〇)なんですけど。

村上　『グロリア』なんですか?

柳下　一応子供を連れて守るために戦うっていう話なんですけど、ガンガンに撃ちまくってますからね。ともかくこの映画のすごいのは、綾瀬はるかと女性陣、シシド・カフカと古川琴音さんの三人が出てくるんですけど、その三人の弾は百発百中で敵に当たって全部倒れる。でも向こうの弾は絶対当たらない。しかもリボルバーですからね。そしてもう一本。

キムタク&バタフライはキムタイタニックだった!

村上　これ実は見てるんですよね、『The Legend and Butterfly』。

柳下　世間では「キムタク&バタフライ」って言われてますすね。

村上　綾瀬はるかさんってアクション女優なんですよね、実は。

柳下　東映だっていうこともあるんですけど、実はそういうことになってるんですよ。一応『ICHI』（二〇〇八）で座頭市やってますからね。

村上　『レジェンド&バタフライ』は綾瀬さんのアクションよかったなって、ぼくは思ってましたけどね。

柳下　『リボルバー・リリー』はね、棒立ちで銃撃ってるだけなんで、いかがなものかと思いますけど、こっちは決まってましたよね。

村上　身体がちゃんと動くんですよね。

柳下　でもこの映画はやっぱり見せ場はですね、何と言っても最後ですね。言わない方がいいのかもしれないけど。

村上　え、言っちゃうんですか!?

柳下　でも言わないとみんな見ないでしょ（笑）。最後、本能寺に追い詰められたキムタクが抜け穴を見つけて脱出するんです。早馬で安土城まで行って、病に臥せっている濃姫（綾瀬はるか）を連れて堺まで走って逃げて、船に乗って海外に行くんです。そこで綾瀬はるかを船の舳先に立たせて後ろから抱く。

村上　そうそう、あれ『タイタニック』（一九九七）ですよね。

柳下　キムタイタニックかと（笑）。ちなみにここ全部夢のシーンなんですけど、そこが一番面白かった。でもそこだけでしたね。

村上　びっくりしましたよね。

柳下　最後に「夢だった」って示されることがないまま終わっても別によかったじゃないですか。それで終わってくれたら伝説になったと思うんだけど。夢のまま終わったたって映画なんだから全然いいですよね。『未来世紀ブラジル』（一九八五）のハッピーエンド版みたいなもので。

村上　だって信長って死体見つかってないわけですからね。『首』（二〇二三）でもやってますけど。この映画は二人が逃げたところで終わりなんですけど、それが夢だというのが、すごく残酷なオチだなと思いました。個人的には『首』より『レジェンド&バタフライ』の方が面白かったっすけど。こっちのが外連味があるというか。

柳下　正直、今の北野映画にはほぼ何も期待していません。『アウトレイジ』（二〇一〇）くらいから観客を信じるのをやめたっていうか、「観客はどうせこういうのを求めてるんだろ」ってある意味開き直ってしまったようなところを感じてしまって。もっと「何を作ったらいいかわからない」みたいに苦しんでる時期の方が面白かったかな。

村上　『TAKESHIS'』（二〇〇五）とかね、面白かったですね。ぼくも武さんは『キッズ・リターン』（一九九六）とか初期はダンチですけど、『TAKESHIS'』の辺の混沌としていたわけのわからない映画も好きだったので、『首』はこんな普通にうまい映画作っちゃうんだみたいな……。ちょっとそこにがっくりしたところがありました。好きな方には申し訳ないすけど。

地方映画は終わらない

柳下　そして地方映画です。

村上　一本も見てないよ。

柳下　これ一部ですからね、全部じゃないです。でも全部やってると時間が足りないので。

村上　これ題名ですか、最後の二つ。

柳下　一番最後のは違いますが、その前の『僕

終わらない地方映画

◎石岡タロー
◎赤い靴の女の子
◎おしょりん
◎スパイスより愛を込めて。
◎銀幕の詩
◎日光物語
◎僕の町はお風呂が熱くて埋蔵金が出てラーメンが美味い。
終わる気配もなく、これまで以上に栄えているような気も……

の町はお風呂が熱くて埋蔵金が出てラーメンが美味い。』という映画はあります。

村上 え、これ、あるんですか。

柳下 あります。

村上 はー、いいですね〜。

福井県発の鯖江が舞台じゃない眼鏡映画『おしょりん』

柳下 この後の話には出てこない映画があるんでちょっと説明しますと、まず『おしょりん』っていうのは、福井県にある松永眼鏡という高級眼鏡会社の創設物語です。ここは福井県で最初に眼鏡を作ったところらしい。福井県で眼鏡といえば、いま日本の眼鏡の何割かを作っている有名な眼鏡どころとして鯖江市がありますよね。たぶんそのことがあって眼鏡映画を作ろうってことになったんでしょう。でも、そもそも増永眼鏡って鯖江市の会社じゃなくて、福井市の会社なんですよ。だから眼鏡映画なんだけど鯖江市が出てこないっていう非常に微妙なこと

になっています。

村上　もう企画段階で失敗してますよね。

金沢カレーパンデミックSF『スパイスより愛を込めて。』

柳下　もうひとつ『スパイスより愛を込めて。』は金沢市。これはパンデミックでスパイスが輸入できなくなり、カレーが食べられなくなった世界を描いたSFなんですよね。

村上　ええっ！

柳下　スパイスがなくなっちゃった世界で、たまたま手に入ったスパイスを使って、学園祭でカレーを作るみたいな映画です。これは金沢、ゴーゴーカレーの郷ということで。

村上　あ、ゴーゴーカレーなんだ。

柳下　企画がゴーゴーカレーの人なのかな。金沢はカレーの街なんです。以下は順番に行きますね。

石岡のハチ公、タローは三匹いる？『石岡タロー』

柳下　まずは『石岡タロー』。石岡ってどこだよって話になるんですけど（笑）。以前、世界のハチ公映画を色々紹介したことがあるんですが、これは茨城県石岡市のハチ公映画ですね。かつてたまたま小学校に犬が迷い込んできて、そこで飼われながら毎日朝と夕方に駅まで通っていたという実話がありまして、それを元にした映画です。ちなみにいま予告編を見てもらっていますが、犬が三匹いましたけど、これはぜんぶ同じ犬ですからね、

村上　違うと思います。

柳下　（笑）。映画の中で犬の年齢が変わるんで、子犬から老犬まで撮ってるんですが、途中で犬が明らかに変わってるんですよ。犬種が違う。

村上　今のは雑種ですよね。

柳下　この映画、実は時代描写についてはすごく頑張っていて、はっきり言って山崎さんよりぜんぜん頑張ってます。舞台が茨城県ということで、旧車會があるんですよね。古い車を愛でる人たちの活動が盛んなので、そこに依頼すれば今も動く昭和三、四〇年代の旧車を使えるという。

村上　いいですね。

柳下　だから車とか服装には時代感があって本当にいいんです。ただ、犬がね……明らかに違う犬が出てくるんで、犬はもうちょい頑張ろうよという。

村上　雑種は一緒にするの難しいんですよね。

柳下　また、これは世界のハチ公映画に関して常に起こる問題なんですけど、そもそもなぜその犬が迷い犬になってしまうかというと、だいたい人間のせいなんです。『石岡タロー』では、最初に飼っていた家の女の子が石岡市にまちがって犬を連れてきてしまったときに「これ君の犬？」って駅員に聞かれるんですが、彼女は怒られると思って「違います」とか言っちゃって、それがきっかけで迷子犬になってしまう。本当

にヒドい話なんです。要するに人間が悪いんですよ。犬は悪くない。でも本当に作品は面白いんで、もしよろしければ。

村上　これは面白そうです、クオリティも高いし。

元ヤクザ事務所を映画館に！『銀幕の詩』

柳下　お勧めです。そして『銀幕の詩』です。いま予告編を見てもらっていますが。

村上　これ、映画ですか？

柳下　映画です、映画に見えないかもしれないけど（笑）。

村上　すげえこれ。

柳下　これは兵庫県丹波市に実在する映画館を題材にした映画です。丹波市で暴力団追放運動をやったときに、元ヤクザ事務所を丹波市が購入したんですね。で、その建物をどうしようかとなったときに、映画館にしましょうという話になりました。それを実際に映画館として運営

銀幕の詩
主演：柴田由美子 松岡智子（ゆみとも） 一明一人
近兼拓史 監督作品
2023年新春より
「ヱビスシネマ。」ほか全国劇場巡回公開予定！
ginmakunouta.com

しているのが、この映画の監督である近兼拓史監督で、最終的に「ヱビスシネマ。」という映画館になった。この映画館が開業するまでの話を映画にし、そしてもちろんこけら落としとしてその「ヱビスシネマ。」でこの映画が上映されたわけです。

村上 なんかすごい。

柳下 残念ながらこの映画館には行ったことがなくて、でもやっぱりこの劇場で見たかった映画ですよね。

村上 行きたいですね、元ヤクザ事務所の映画館。ここで見ないと駄目ですよね

柳下 近兼監督は「ジェネリック映画」の監督として知られています。技術的に枯れた白物家電を安く作っているメーカーがあるんですが、そういうものをジェネリック家電と呼んでるんです。そのメーカーのひとつである山善という会社のスポンサードで映画を撮っている人です。この前の作品が『恐竜の詩』（二〇一八）という映画で、安達祐実の映画を思い出させる作品でした。

村上 『REX 恐竜物語』（一九九三）ですね。

柳下 あんな感じのかわいい恐竜が出てくる映画です。これはもともと丹波市で恐竜の骨が出土した際に、恐竜をつかって町おこしということを考えて作られることになったそうですね。ジェネリック家電映画なので、トラブルはだいたいジェネリック家電を使用することで解決できる、ということになっています。

宝田明の背後に、いつも誰かがいる……『日光物語』

柳下 お次は栃木、『日光物語』です。これは歌手のスネオヘアーさんが出ているという、日光の観光映画です。

村上 あ、三坂（知絵子）さんだ。知り合いの役者さんが出ていますね。

柳下 話はね、特にどうということもないんですが、二〇二二年三月にお亡くなりになられた宝田明さんの遺作なんです。二〇二二年公開の

『世の中に絶えて桜のなかりせば』という映画がこれまでは遺作と言われていたんですが、そのあとにこれが出てきた。実はもう一本ドキュメンタリーがあるらしいんですが、よくわからない。で、映画に宝田さんが出てくるとき、つねに後ろに人が立ってるんですよ。いま予告編で宝田明さんの出演シーンを見てもらっていますが、ほら、後ろに人がいるでしょ？　これ、明らかに身体を支えてる。たぶん本当に立てないぐらいまで弱られていて、でも本人が出たいと希望されたんでしょう。「渾身の遺作」と銘打たれているくらいですから。セリフはちゃんとぜんぶ喋っているんですが、出てくるときは、つねに後ろに人がいて支えられている。

村上　これ、支えてる人の説明はあるんですか。

柳下　ないです。

村上　ええっ！　マジですか。いやそれすげえ……。

柳下　何となく近くに人が立ってるわけです。

村上　マジですか……文楽みたいじゃないですか。

柳下　そうそう。なんかエド・ウッドの映画みたいな感じもありますね。こんな画があるんだなって。スネオヘアーとかなんかサブカルっぽい感じもあるし、続編もあるらしいんでそれも気になっているところです。もう宝田さんは出られないので。

村上　この後ろに立ってる人に何か役はあるんですか。

柳下　一応、宝田さんが日光の住職という役なんで、そのお付きの人ということに。

村上　すごい近距離でしたよね。

柳下　明らかに支えてるとしか思えない。

村上　宝田さんを立たせなければいいじゃないですか。

柳下　そうなんですよ。別に椅子に座って撮るでいいんじゃないかと。

村上　これは……すごい表現ですね。

柳下　これはちょっとね、大したもんだと思いました。

お祭りデートのため、祖父の死を隠蔽……『僕の町はお風呂が熱くて埋蔵金が出てラーメンが美味い。』

柳下　そして次は『僕の町はお風呂が熱くて埋蔵金が出てラーメンが美味い。』。これはどこかっていうと、富山県の射水市。

村上　YouTubeの動画から始まるってことですね、びっくりした、ずっとこのままかと（笑）。これは青春ものですね。

柳下　どっかのテレビ局のプロデューサーだかが作った映画ですね。

村上　でもけっこう豪華ですよね、いま予告編に映りましたけど（立川）志の輔さんとか。

柳下　高校生の三人組YouTuberの話なんですけど、彼らの街で年に一回のお祭りがあって、そこで美人の同級生と一緒に遊ぶ約束をしてい

僕の町はお風呂が熱くて埋蔵金が出て
ラーメンが美味い
酒井大地
BLACKHOLE

たんですね。でもそうしたらたまたまなんですが、泉谷しげるが演じている主人公のおじいさんが亡くなっちゃうんですよ。で、このおじいさんが祭りの総代なんで、祭りも中止だなという話になるんですが、孫である主人公たちが、いややりましょうと言い出すんですね。コロナで二年も祭りが休みだったし、彼女とも一緒に行けないし。ということで、彼らがおじいさんが死んだことをなかったことにしようとするんです。

村上　え、なかったことにするんですか？

柳下　泉谷しげる演じる死体の後ろから手足を動かしたり、スピーカーを仕掛けてそこに録音を流して喋ってるふりをさせたりするんですよ。

村上　さっきの宝田明の映画でやってることにも近いというか……。

壇蜜熱演!!『みちのく秋田　赤い靴の女の子』

柳下　こっちはちゃんと演技ですけど、ちょっとこんなのが町おこし映画で出てくるというのはすごいなと思いますね。

そしてまだあるんです。『みちのく秋田　赤い靴の女の子』。童謡の「赤い靴」は横浜ですけども、これは秋田にもそういう赤い靴を履いてた女の子がいたという地方映画ですね。いま流している予告編を見ても、まったく話がわからないと思うんですけど。

村上　この時点でわかんないですね。舞台は明治なんですか？

柳下　そうです。で、なぜ秋田かというと、もともと「赤い靴」は作詞の野口雨情が秋田にいたときに書いた詩らしいんですよ。

村上　なるほど。そしてやっと予告編に人間が出てきましたね

柳下　この人が「赤い靴を履いてた女の子」です。彼女は秋田からハワイに行き、ロスなんかも行ったんですけど、なんでそうなったかっていうと……あ、これ壇蜜さんですね。

村上　壇蜜さんだ、これどういうことなんです

か。阿部定みたいな話なんですか。

柳下　壇蜜さん演じる女性は、自分の義理の娘だかを殺したっていう罪で――実は冤罪なんですが――逮捕されるんですね。そのときすでに妊娠していて、獄中出産をする。もちろんその子供は育てられないから、宣教師のアナンダ・ジェイコブスがアメリカに連れて行っちゃうわけです。

村上　その子が赤い靴の女の子ということですね。

柳下　そうです。でもどっちかっていうと連れて行ってもらってよかったねって話なんですよ。「赤い靴」って悲しい話だったりするんですけど。ただ、ハワイでも日系人排斥とかね、いろいろあって大変だったということはあります。

村上　壇蜜さん、すごい熱演ですね。

柳下　熱演なんですけど、実は最初の三分の一ぐらいしか出てこないんですよ。これだけ予告編に出てると全編に出てるみたいに見えますけど基本はこの二人が主役。とはいえ、使いたい気持ちはわかりますけどね。これはなかなかレベル高い地方映画ですね、あんまりやってないです。たまたま頑張って見ましたけど。

村上　どちらで見られたんですか？

柳下　赤羽です。なぜか公民館みたいなところで上映会をやってたんで。予告編もそろそろ終わりですが、オアフ島に女の子のお墓があるわけです。

村上　予告編だけで全部わかっちゃうじゃない

すか。

柳下　でも、これだけ長い予告編なのに赤い靴を履いた女の子のシーンがひとつも出てこない。

※詳しい事情が判明したので過ちを正す。童謡「赤い靴」は野口雨情が北海道にいたときに聞いた実話に基づくものとされており、秋田とは直接の関係はない。「赤い靴」のモデルとなったのは、静岡出身で北海道に移住した岩崎かよの娘佐野きみだという。かよは生活苦からきみを養女に出し、そのきみはアメリカ人宣教師に連れられてアメリカに渡った、と岩崎かよは信じていた。かよときみの実話によく似た話が秋田にもある、と知った直木賞作家渡辺喜恵子は、『タンタラスの虹』の一挿話として、その女性ハツの話を書いた。その話に基づき「秋田の赤い靴」像が秋田市立中央図書館前に立てられたという。本作『みちのく秋田　赤い靴の女の子』は、その「秋田の赤い靴」伝承に基づくものなので、野口雨情とはまったく無関係なのである！

キャバクラ・ホスト映画の雄がユゴーを映画化する『美男ペコパンと悪魔』

柳下　『美男ペコパンと悪魔』。これは地方映画ではなく、ヴィクトル・ユゴー原作ですが、舞台は立川です。製作はぺんてるとISフィールド。ぺんてるは文房具会社のぺんてる、どうも社長か誰かが映画をやりたいらしくて、そこにISフィールドっていう会社がうまいこと食い込んだというか。このISフィールドという会社がね、ご存知の人はご存知だと思うんすけど、すごく怪しい商売をしてらっしゃる。今のエクスプロイテーション映画には大体ここが噛んでると言っていいと思うんですが、主に風俗系、キャバクラ映画とかホスト映画とかそういうのが多いです。

村上　地方映画の場合、社長が映画やりたいってのが重要なキーワードになりますね、でもこれ予告編もすごいじゃないすか。

柳下　すごいですよ。理屈が全くわからない。

村上　ぼくだってこれ、監督やってくださいと言われたらやりますけどね。もちろん。

柳下　依頼が来そうですよね。

村上　来そうですね。

柳下　もう話はぜんぜん忘れちゃいましたけど。「ペコパンかあ」って思われるかもしれないいんですが、でもこのユゴーの小説は「美男ペコパンと悪魔」っていうタイトルのまま翻訳も出てるんです。

村上　何でこんな映画が企画されるんですか？

柳下　そこはまったくわからない。ぺんてるって文房具会社ですからね。ISフィールドはたいへん曲者で、風俗系の映画をいろいろ作ってるんですけど、これまで一番すごいと思ったのは風俗案内所映画。大阪のとある風俗案内所に新卒で勤めることになった青年の映画で、映画のジャンルとしていわゆる新卒者ってあるじゃないですか。就職していろいろ頑張って一人前になるみたいな。その舞台が風俗案内所。

村上　面白そうじゃないですか。

柳下　もちろん風俗案内所の宣伝映画なんですが、そういうものを作ったりしてて、お金も実在の風俗関係から出てると思われるんですが、そういうよくわからない怪しいお金の動きでもっぱら映画を作っている会社です。

村上　これはたぶん後半のぼくの話に近い話ですね。

皆殺し映画通信
ＬＩＶＥ収録
第二部

皆殺し映画放談 2023

収録：2024年4月1日　阿佐ヶ谷ロフトA

柳下毅一郎（映画評論家）
×
村上賢司（映画監督・テレビディレクター）

• All Days 二丁目の朝日(2008)
• 細菌列島 (2009)

村上賢司

群馬県高崎市出身。新島学園高等学校、専修大学文学部卒業。イメージフォーラム付属映像研究所第15期卒業・16期特待生。日本国外の映画祭では、「今村昌平とウディ・アレンの血縁のない末裔」と評されている映画界の奇才。2010年ニッポン・コネクション（ドイツ・フランクフルト）では特集上映が開催された。ドキュメンタリー映画と劇映画とを並行して監督している。また『SWITCH』『週刊金曜日』『散歩の達人』『映画秘宝』『キネマ旬報』などにて執筆活動も行なっている。『夏に生れる』(1998年作品)は日本映画監督協会新人監督賞の最終候補、横浜美術館収蔵作品。日本全国の秘宝館、ラブホテルなど昭和以降の庶民文化の造詣が深い。(Wikipediaより)

映画監督・村上賢司と語る愛と悲しみと搾取の日本映画

日本映画の微妙な時代の微妙な問題

柳下　ということで後半戦、村上賢司さんのプロフィールです。最初にお見せするべきだったのかもしれないですけど。

村上　中身Wikipediaのまんまじゃないですか。

柳下　ちゃんとWikiよりって書いてありますから。

村上　高校と大学の名前が出てるのは恥ずかしいんですけど、まあ大丈夫です。

柳下　村上さん、群馬県高崎市ご出身ですが、地方映画といえば高崎市なんですよね。

村上　地方映画のメッカですよね。

柳下　去年、このイベントに登場していただいた藤橋誠監督の最新作も群馬県でした。

村上　そうですね、ホルモンの映画（『泣いて笑って豚ほるもん Legend of Horumon in

Gunma』、二〇二二）ですね。

柳下　地方映画とは何かっていう話を藤橋さんにはしていただいたんですが、藤橋さんの映画ご覧になったことはない？

村上　ないです。

柳下　たぶん群馬の人もそんなに見てないですよね。

村上　見てないと思います。いや、ちょっと暴言言っちゃいましたね、見ていると思います。見ていてほしいです……。はい。

柳下　いや、本当に面白いんですよ。いろいろ、映画とは何なのかみたいなところで衝撃を受ける部分が多々あって、面白い体験でしたね。

さて、村上さんはイメージフォーラム付属研究所を卒業されているんですが、今年からイメージフォーラムで専任講師をなさってらっしゃいます。ドイツの映画祭ニッポン・コネクションでの特集上映などもありますが、一般的には秘宝館とラブホテルに詳しい方ですよね。それぞれについてのドキュメンタリーもお作りになられている。特に秘宝館のドキュメンタリー。

村上　フジテレビのNONFIXで一本、六〇分の番組を作りました（『エロスの行方・消えゆく〝秘宝館〟』、二〇一四）。秘宝館っていう文化が終わっていくっていうのがテーマで。

柳下　村上監督とは結構古い付き合いなんですけど、どこで最初に会ったのかよくわからない。たぶんイメージリングスあたりですよね

村上　イメージリングスか、または大木裕之さんの紹介ですね。

柳下　大木か、その可能性もあるのか。イメージフォーラムでは、大木と繋がってるんですか？

村上　大木さんは二つ期が上の先輩なので、昔は一緒に飲んだりしてました。

柳下　最近はよくわかんない人になっちゃいましたからね、あの人。

村上　よく会いますよ。山形国際ドキュメンタリー映画際とかで。

柳下　二年に一度ね、山形で。今日、村上さん

に来てもらったのは、二〇〇〇年代の自主映画といいますか、自主映画なのかもよくわからない怪しい映画の世界というのがあって、そこら辺の仕事をしているときによく村上さんと会っていたので、その話をしようと。あんまり誰も話したがらないんですが。

村上 当時、ぼくらが働いていたそんな業界では、やっぱり未払いとかそういうこともあったから、恨みを持ってる人はいっぱいいるし。ぼくは運良く未払いみたいな不幸なことはあんまりなくて。ほどよい関係でやってたほうなので。

柳下 難しいですよね、未払いってもちろんよくないですよ、でも一方で最初からそんなに金は出ないよなってわかっていても仕事をやる感じもあったじゃないですか。いま会計報告を見れば「こんなのありえねえだろう、やりがい搾取じゃないか」っていうふうになりますけど、当時は搾取されてなんぼみたいな姿勢も確かにあった。そこは微妙な問題なんですよね。

村上 微妙です。微妙な話がずっと続きますよ、これから。

パル企画の時代

村上 ぼく、そもそもはパル企画からなんですよ。

柳下 アイドル事務所みたいなとこですよね

村上 当時は浅草と蔵前の間に会社があって鈴木ワタルさんって方が社長やっていますが、今でも続いている会社です。

柳下 この辺の会社、けっこうごっちゃな認識になってるんだよな。

村上 『オキナワの少年』(一九八三)とか、今関あきよしさんの作品とかを公開していました。一方でアイドル事務所というか、芸能スクールも持ってたんですよ。ぼくは一九九九年にゆうばりファンタスティック映画祭で『夏に生まれる』という自主映画でグランプリをもらったことで、その当時パル企画におられた大橋孝史さんっていう方から電話がかかってきたんです。なんか今、犯罪の告白みたいな雰囲気になってますけど、ぜんぜん違いますからね（笑）。ちなみにそれは熊切和嘉くんの紹介で、夕張の映画祭で賞を獲った監督だからきっとエンターテインメントもイケルんじゃないかって簡単に考えたのかもしれません。電話で「何かやらないか」って言われて、話を聞きに行ったら、当時はちょうど「ほんとにあった！呪いのビデオ」シリーズ（一九九九－）が始まった時期で。

柳下　「呪いのビデオ」は本当によくわかんないものいっぱいありましたよね。

村上　それの別バージョンで「ほんとにあった！残酷な映像」みたいな、『残酷を超えた驚愕ドキュメント・カランバ』（一九八三）みたいなのを作りたいって大橋さんから言われて。

柳下　それは完全に作りものなんですよね

村上　完全にそうです。残酷映像をフェイクで全部作ってオムニバスみたいにする。指の切断だとか喧嘩だとか、そういう映像をいっぱい並べるという企画でした。

柳下　人間が引き裂かれるみたいな映像が、いきなり指詰めの映像とかに繋がるようなね。

村上　そういうものを集めたフェイクドキュメンタリー作りたいと。いわゆるモンドものですよね。そこで「お任せください」って感じで会社で打ち合わせしていたその時、別の企画のホラー映画の監督が飛んじゃったということが大橋さんの耳に入ったんですよ。そしたら彼にいきなり「監督代わりにやらない？」って言われて。それでホラー映画を作ったんです、『心霊ミステリーファイル 呪霊2／殺人現場の呪い』（二〇〇〇）。

柳下　「じゅれい」ってどういう字？

村上　「呪」いの「霊」魂ですね。当時は『呪怨』（二〇〇〇）が流行ってたからというタイトルで、しかもいきなり「2」から。それがパル企画での最初の作品で、大橋さんとの初仕事。

柳下　村上さんはそういうのはぜんぜん平気だったの？　つまりインチキくさい仕事をやるってことに関して、最初から楽しんでやってた？

村上　そうっすね、けっこうノリノリでした。

柳下　大橋孝史さんはその後未払いなどで有名になる方です。未払いで有名になるっていったいどんな人だよと思うわけですが、基本的にまっとうな人ではないわけです。映画愛の人でもない。ただ、若いうちはちょっと別に安くて仕事きつくても、映画撮らせてもらえばいいじゃんみたいとこあるじゃないですか。

村上　そうですね。ちょっと突っ込んだ話になりますが、イメージフォーラムの同期に白尾一博くんっていうカメラマンがいたんですけど、彼が和田淳子監督の『ボディドロップアスファルト』（二〇〇〇）っていう映画の制作してたんですよ。それがちょうど終わったときで、詳しいことはわからないのですが『ボディ～』は税金で作る映画だからギャラの話はさておきなノリでやっていたそうなんです。でも、『呪霊2』はとりあえず制作費は三百万円ぐらいだけど、好き勝手やっていいからホラーを作ってねっていう感じで、ならばこっちの采配でちゃんと仕事になるよねっていうことで、『ボディ～』のチームを再結集して作ったんです。

柳下　それは脚本とか事前にあったんですか？

村上　鋭いですね。脚本は事前にはあったのですが、もうそれが脚本の体をなしてなかったので、撮影前日にぼくと助監督でガンガン書き直して、それをそのまま映画化したんです。予算もないから、カット割りに要する時間も勿体ないという話になり、みんなで家にあるハンディカムとかビデオカメラをかき集めて、マルチで四台とかで同時に撮ったりしていました。照明のお金もないから、ほとんどの幽霊は昼間に出るという、そんな作品を作ったんです。

柳下　その頃だと、マルチカメラの編集はまだ結構大変でしたよね。

村上　いや、実はその撮影の白尾くんがノンリニア編集を導入したばっかりで、その実験もやりたかったんです。ぼくの『夏に生れる』の編集も白尾くんがノンリニアでやってるんですけど、その延長でマルチ撮影の編集ができるんじゃないかと。そんな感じでした。これは大橋さんも言ってますけど、ホラーって単純に怖ければいいじゃないですか。スターが出なくても監督が無名でも成立する。だからこそみんなで自由に楽しんで作っていましたよ。

柳下　当時はいくつぐらいだったんですか。

村上　ぼくが二十九か三十歳くらいですね。

柳下　二十九、三十か、楽しいよね。

村上　すごく楽しかったです！

柳下　それを十年間続けると「ちょっとな……」って話になりますけど、二十代ならね。

村上　当時パル企画は「ほんとにあった！呪いのビデオ」シリーズも中村義洋さん、あとは熊切和嘉くんや脚本の向井康介くんのような大阪芸大の連中、日芸の冨永昌敬くん、それから松江哲明くんとか白石晃士くんとか、自主映画から初めて仕事をするような人たちがたくさん出入りしていて。

柳下　商業、なのかな。

村上　大橋さんは「こういう仕事をするってのも、先々の勉強になるんじゃない？」みたいな口説き文句言ってましたけど、それはウソではなかったと思います。

柳下　ひと昔前ならそれがピンク映画だったりするんでしょうけど、村上さんの場合はちょうどＪホラーのブームのときで、ホラーなら何でもいけるじゃんみたいな時期だったと。

村上　当時はやっぱりＴＳＵＴＡＹＡがすごい増えたから、需要がすごかった。ぶっちゃけて言えば、ＶＨＳのジャケットがホラーっぽかったらもうそれで売れたんですよ。中身なんて関係なくて。すごいなと思ったのは、『呪霊2』のオフライン編集が終わって、大橋さんに試写というかプロデューサー・プレビューというのがあるじゃないすか。それがファミレスにカメラ持ってくるだけでいいよというので、飯食いながら、このぐらいの大きさ（手のひらサイズ以下）の液晶画面で見てもらって、一発ＯＫでした。それはよく覚えていますね。怖いシーンらしきものがいくつかあれば、もうそれで成立したんです。だからこそ好き勝手やれるみたいなところで、やはりピンクに近かったんだと思います。これが一九九九年から二〇〇〇年ぐらいのことですね、はい。

柳下　そこで大橋と繋がりができて、そこからジョリー・ロジャーに移ったわけですか。

ジョリー・ロジャーの時代『ALLDAYS 二丁目の朝日』

村上　大橋さんが叶井俊太郎さんとやっていたトルネード・フィルム（二〇〇二－二〇〇八）のあとに立ち上げられた映画会社がジョリー・ロジャーなんですが、そこに頼まれて撮ったのが『ALLDAYS 二丁目の朝日』（二〇〇八）です。

柳下　これはなかなかいい映画なんですよ。

村上　もちろんわかると思うんですけど、これは『ALWAYS 三丁目の夕日』（二〇〇五）という山崎貴さんの大ヒット作がありまして。

柳下　山崎さん繋がりですね。

村上　それが大ヒットしたということで、パロディというか後追いというか。

柳下　こういうの昔からよくありますよね、二番煎じっぽいタイトルで作られる映画。『13日の金曜日』があったら「14日の土曜日」を作るみたいな。

村上　まさに便乗映画です。でも、今予告を見ていると真面目な映画に見えますね。

柳下　真面目な映画ですよ、いい映画じゃないですか。ちゃんと「二丁目の朝日」ですからね、

一晩の出来事があって朝日が昇るところで終わっている。

村上　この時期はジョリー・ロジャー的にもいわゆる便乗映画がけっこうやっていましたね。城定秀夫さんの『ホームレスが中学生』（二〇〇八）とか。

柳下　傑作でしたね。

村上　これは『ALLDAYS』の隣で打ち合わせやってましたよ。

柳下　『ホームレスが中学生』を観て、『ホームレス中学生』（二〇〇八）よりもぜんぜん面白いんですけど何これ？　ってすごい盛り上がりましたね。そこで城定さんを発見した感じがあった。

村上　当時の城定さんの中でも一番でかい規模じゃないですかね。ちゃんと公開した映画としても。最初のぼくの紹介のパワポの中に『工場萌えな日々』（二〇〇六）ってあったんですけど、これはぼくがジョリー・ロジャーで一番最初にやった仕事です。これもともと叶井さんがある

リー・ロジャーの時代
Days 二丁目の朝日(2008)
列島 (2009)

番組で、企画を買っちゃったんですよ。「工場萌え」っていう工場を愛でるブログがあったんですけど、その映画化権を買っちゃったもんだから映像化しなくちゃいけなくて。

柳下 あー、映像企画とかを売り込む番組に審査員として叶井が出たんだ。

村上 そうです、そこで買った企画は映像化して番組でも宣伝するっていうやつで、ふらっとぼくが大橋さんのところに行ったら、それの相談にのって、その流れで作ることになったんです。このDVD、かなり売れたんですよ。

柳下 どういう話だったんですか?

村上 話も何もないっすよ。工場地帯を撮ってるだけで。環境映像ですね。

柳下 え、それが売れたの。

村上 めちゃめちゃ売れたらしいです。テレビCMまで作ったんですよ。

柳下 有名な工場を撮ったとか?

村上 あのときは川崎と鹿島(茨城)と、あと東京の奥多摩ですね。

柳下　砕石工場とかですか。

村上　そうです。石灰作る工場。実景をフィックスで撮って、現場の音だけで構成した映像だけのDVDがものすごい売れて、Part3まで作ったんですよ。こういうのがいけるんじゃないかってことで、次はデコチャリのドキュメンタリー（『デコチャリ野郎』、二〇〇七）を撮ったんです。

柳下　なんでデコチャリ（笑）。

村上　これも叶井さんですかね。それらと並行して『ALLDAYS二丁目の朝日』とか、『細菌列島』（二〇〇九）とかを作ってるんです。

『感染列島』を見ずに『細菌列島』を作った

柳下　ジョリー・ロジャーにはけっきょく叶井は関わってたの？　そこらへん本当よくよくわかんなくて。ジョリー・ロジャーだけじゃなくて、当時はエース・デュースとかありましたよね。

村上　エース・デュースさんは、ジョリー・ロジャーの出資者、スポンサーだと思います。

柳下　あの頃はいろいろなんかよくわかんない映画を作る怪しい会社がいくつもあったけど、実態がよくわからなかった。たぶん当事者たちも、その方がおそらく都合がいいからだと思うんだけど、はっきりさせようとしなかった節があって、よくわかんない映画がいろいろありましたよね。ジョリー・ロジャーって会社はいつまでやったんだっけ。

村上　二〇〇七年の五月に成立して、いろいろあって二〇一六年に経営破綻してます。

柳下　早いな。

村上　早いっす。この前、中川究矢くんっていう録音とか監督やってる親友と話してたんですけど、ジョリー・ロジャーだとかトルネードって、TSUTAYAとかのレンタル店がVHSからDVDに移行した二〇〇〇年頃はワーっと上がったんだけど、二〇〇八年頃にYouTubeが出てきたじゃないですか、そこからガーッと

落ちるんですよ。

柳下 まさに『二丁目の朝日』もそうですが、『細菌列島』は『感染列島』（二〇〇九）だっけ？

村上 はい、瀬々（敬久）さんの『感染列島』ですよ。

柳下 たぶんみんな元のほうを覚えてないんじゃないか（笑）。

村上 いやいや、でもこれ何がすごいかって、ぼくも含めて制作陣全員が『感染列島』見てない状態で作ってるんですよ。

柳下 見れるタイミングだった？

村上 タイミングではないです。

柳下 そうだよね、だって本当に直後に公開してたもんね（編註：『感染列島』は二〇〇九年一月公開、『細菌列島』は同年四月公開）。

村上 『感染列島』が発表されて、「じゃあ『細菌列島』だ！」っていうことになったと思うんですよ、たぶん。ぼくは企画から入っていなくて、脚本はすでに大体できてて、そこに監督で呼ばれた。

柳下 これは本当にひどい話で。

村上 ひどい話ですけど、『感染列島』を誰も見てないで作っているから、もはやパロディでもなんでもないんです。

柳下 北の首領様が出てきて、という話でしたよね。細菌ばら撒いてっていう、絶対にまずいやつ（笑）。

村上 北の方から抗議がくるんじゃないかって

配給会社とか大橋さんはビビってたんですけど、ぼくは「抗議があった方が盛り上がるんじゃないですか」とか言っていました。結局何も来なかった、来るわけないんですけどね。でもこの『細菌列島』の上映中に劇場にぶらっと瀬々さんが来たんですよ。で、たまたまその日が上映後にイベントがある日で、くじ引き大会をやって『細菌列島』の撮影に使った防護服とかをプレゼントする予定になってたんですが、これが瀬々さんに当たっちゃって。

柳下　（爆笑）

村上　さすがに「こちらは『感染列島』の監督です」って紹介しましたけど、お互いすっげえ気まずかった。

柳下　瀬々さん見に来てくれたんだ。本当にいい人ですからね。村上さんの映画だって知って見に来てくれてたんですか？

村上　もちろん。

柳下　この映画は森達也監督のフェイクドキュメンタリー（『ドキュメンタリーは嘘をつく』、二〇〇六）の後ですか？

村上　ぜんぜん後です。『細菌列島』のときはもうトルネードとかジョリー・ロジャーはちょっと危ない雰囲気で、ジョリー・ロジャーが倒産したのは二〇一六年ですが、二〇一〇年にトルネードが潰れちゃったことで、ジョリー・ロジャーも経営がどんどん悪化していきます。

柳下　その辺りは、実は「皆殺し映画通信」の最初の頃に古澤健さんと「大橋といえば未払い」みたいな話をしていたんです。

村上　読みました。

柳下　そこでの話がWikipediaに典拠として使われてるぐらいなんですけど、村上さんが映画を撮っていたときはそこまで追い詰められてなかったということなんでしょうか。

村上　わからないです。ただ、やっぱりぼくは監督じゃないですか。監督に未払いなんてすると、もう作品が仕上がらないわけです。ぼくだって「ちゃんと払わないと編集とかやんないっすよ」とか言える。こういううるさ型の人間に

はちゃんと払う。ほかのスタッフや出演者さんがどうなっていたか、どういう契約だったのかは正直わかんないです。もちろんぼくが呼んだスタッフは把握できるけれど、制作会社側が呼んだスタッフやキャストがどういう状況だったかは、正直わからない。

柳下　もちろん監督は会計担当じゃないんだから、そんなチェックはしないですからね。でも、一本作ったあとでまた別の映画を撮るってことはあったわけだから、即未払いみたいな状況ではまだなかったわけですよね。

村上　どうなのかな……でもその当時のスタッフさんや俳優さんのことを思うと、本当に申し訳ないです……。

柳下　大橋もそうだけど、叶井もね。あんまり言われてないけど、かなりすごい額の未払いを作ってますからね。「会社倒産したんだからしょうがないんだよ」って言いますが、いやそうだけどさ……。

村上　そこで負債をかぶった人たちは、やっぱりかわいそうですよ。

柳下　ビデオバブルの余波があったからなのか、トルネードよりはジョリー・ロジャーの方が商売をしてた気がしますけどね。トルネードは本当に、「お前それはないだろう」みたいな仕事しかしてなかった。

村上　ずっと河崎実さんが映画を作っていましたよね。

柳下　ずっと河崎実一本でね。でも映画、あんまりお金かかってないからいいのかな。

村上　いや、『ギララの逆襲 洞爺湖サミット危機一発』（二〇〇八）はけっこう赤字が大変だったって話は風の噂レベルで真偽は不明ですが、聞いてます。

柳下　噂レベルだけど、トルネードの倒産時の負債は何億とかよね。

衝撃の『立つどうぶつ物語』

村上　ぼくはジョリー・ロジャーやトルネードでも、いわゆる本筋の映画ではなく、その横にある、そもそも予算の少ない『工場萌えな日々』とかのDVDを作る係でしたから、実害はほとんどなかったですね。あと、あのときトルネードが作った映画のなかで一番すげえ、やられたと思ったのが、『立つどうぶつ物語』（二〇〇五）っていうやつで。

柳下　何それ？

村上　風太って覚えてます？　立つレッサーパンダがいたじゃないですか。

柳下　そういえば阿佐ヶ谷ロフトのすぐそこに「立呑風太くん」って立ち飲み屋があるよね（笑）。

村上　そうなんですか（笑）。それで、この映画は風太が立ったというのが話題になったときに、全国の動物園で立つ動物を探そうって言い出して、それを撮ってるだけなんです。

柳下　（爆笑）すごい。

村上　さすがにそれはすごいなと。いっそ、いま世界中の動物が立ち始めて、人間を襲うぞ、みたいなノリにしたらどうですかみたいなことを提案した覚えがあります。

柳下　すごいね、トルネードって基本的にパロディとかこういう二番煎じ三番煎じのものばっかりやっていて、話としては面白いんだけど、商売になるかっていうと……でも多分うまくいってたときもあったんだよね。

村上　流通のことはよくわからないんですけど、やっぱりビデオ屋さんは棚をいつも埋めないといけないじゃないですか。そうするとまずは当時だとやはりホラー作品なんでしょうけど、それ以外にも雑多な作品がいろいろリリースされていて、それで棚を埋めていた。『地獄の黙示録』（一九七九）を借りたけどちょっと内容的に重いから『立つどうぶつ物語』を見たいって人もいるかもしれないから。

柳下　とりあえずぼくもちょっと気になるから三本五百円だったら見てみたいと思って借りると思います。

村上　『立つどうぶつ物語』って実はエッチなものかなと誤解する客もいるかもしれないですからね、そういうところでも商売になってた。

柳下　バクシーシ山下さんなんかも言ってましたけど、レンタルビデオ時代は三本のうち一本ぐらいは、Ｖ＆Ｒとかの「抜けない」ビデオを借りてくれたんだって。そういうのと同じような現象ですよね。

村上　それが二〇一〇年ぐらいまでは続いてたんだけど、そこから急速にガーッと変わって商売が立ち行かなくなって、ぼくはちょうどその頃からトルネードとかジョリー・ロジャーとは仕事しなくなったんで、未払いとかの被害に遭わなかったんです。潰れるまでのトルネードはやっぱりひどかったってのは何度も聞いたことがあります。

柳下　ぼくはそういうくだらないものが好きですし、その意味では結構楽しかったんですよ。

でもそれ今見るとどうなのってことは思っていて。『ALLDAYS 二丁目の朝日』も、山崎さんはどうだったんですかね。別に怒ってなかったと思うんだけど。

村上 ぜんぜん相手にされてないですよ。でも『細菌列島』は瀬々さんが相手にしてくれたからすごく嬉しかった。『ALLDAYS』については、パロディっていうか、便乗するからにはやっぱり面白いものを作らなくちゃ駄目だってのは、大橋さんや他のプロデューサーも含めて共有していて。ちゃんと真面目に面白いもの作ろうねっていうのはありましたね、手は抜かない。

柳下 これはすごいちゃんとしてる映画です。いまこれって見れるんですか?

村上 いや、これは倒産してもう権利がわかんないんですよ。でも中古DVDを探してみてください、レンタル落ちでいくらでも売ってますんで。ぜひヤフオクとかで。

イメージリングスの時代

柳下 「〜の時代」って書くと別の時代のように見えてしまうと思うんですが、これは今までの話題とほぼ同時並行の話で、自主上映団体のイメージリングス、イメリンというものがあります。時期も重なってるし、関係者のメンツも重なっています。自主映画から、低予算の商業映画、ちょっとうさんくさいものからちゃんとしたところまで、グラデーションのように当時は重なっていたシーンがあった。

村上 そうですね。

柳下 中心人物のしまだゆきやすさんは、六四年生まれだからぼくの一つ下なのかな。自身も自主映画作家なんですが、彼が自分の映画を見せたいから上映活動を始めたと。

村上 正確にはそれプラス、大嶋拓さんという監督がいて、自分の作品もかけたいし大嶋さんの作品も一緒にやりたいというところから始まったんです。大嶋拓監督しまだゆきやす主演の

イメージリングスの時代

◎1995〜
◎しまだゆきやす（1964-2011）
◎イメージリングス上映会
◎刑事まつり（2003）
◎『恋する幼虫』（2004）
◎ガンダーラ映画祭・背徳映画祭
◎『俺の流刑地』（2007）

『冷ややかな乳白色』（一九九五）っていう映画があって、それが第一回の上映作品ですね。つまり自分の主演映画もやるし、自分の監督映画もやるっていう。

柳下　イメージリングスは九五年に旗揚げされていて、自主映画もですが、平野勝之のＡＶも「アンダーグラウンドの映画だから一緒だよね」みたいな感じで上映をやっていたんですよね。

村上　ＡＶの上映って、たぶんこれが初めてなんじゃないすか。

柳下　おそらくそうだと思う。みんなで見るってことはありえないものでしたから。

村上　ぼくはイメージリングスでは映写担当だったんですが、平野さんのはまだいけたんですけど、井口昇さんのがきつくて。作品が酷いってわけではなくて、そこで行われるアレがどうしても生理的に駄目で、あれはきつかったですね。

柳下　それはそうでしょう。いま見てもきついのはきつい。

村上　しまださんは平野さんとか井口さんのそういう作品もぜんぜん大丈夫だった。それから矢口史靖さんと鈴木卓爾さんがやってた『ワンピース』（一九九四ー）、ワンシーン・ワンカットの超短編映画をいろんな監督に作らせて上映する企画をやって盛り上がったり。

名プロデューサー・しまだゆきやす

柳下　しまださんってプロデューサー気質もあってさ。こういうふうに友達にお題を出して撮ってよみたいなこと好きだったじゃないですか。

村上　好きですね。

柳下　お題をもらうとみんな頑張っちゃうから、いろいろそこで面白いのもできたし。楽しかったですよね。

村上　楽しかったですね。イメージリングスが九五年に始まって、その後に「ほんとにあった！呪いのビデオ」が九九年に始まっていて、「呪いのビデオ」の中村義洋さんはイメージリングスに関わりはあまりないんですけど、その後の松江くん、白石くんは合流してきます。しまださん自体は、パル企画だとかあの辺とは関わってないんですけどね。ちょっと話戻りますが、当時の松江くんが演出した「呪いのビデオ」を見ると、当時の彼の人脈の人たちがいっぱい出てきて面白いですよ。イメージリングス周辺でフラフラしてた人たちがいっぱい出てくる。山下敦弘くんだとか、帯谷有理さんとか、いまおかしんじさんとか、ぼくも当然出演しています。だんだんイメージリングスの面子とパル企画が重なってきてるというね。

柳下　パル企画ももちろん商売でやってるわけですが、なんというか、完全な仕事っていう感じじゃなく、趣味というか面白がってやってるみたいなところがありましたよね。コンプライアンス的には間違ってるって言われたらそうなのかもしれないけど、そのノリで仕事をやっていた感はあるんじゃないか。

村上　そうですよね。だからそれだけで食べてるわけじゃなく、バイトしながらとか、なんと

か親に援助してもらいながら作ってる感じが多かったんじゃないかな。

柳下　イメージリングスはずっと面白い上映会をやってたんですけど、最初はありもののというか、知り合いの八ミリなりＡＶなりを上映する団体でした。ところが「刑事まつり」というのが二〇〇三年にあって、これはいろんな監督を集めて刑事ものを作ってくれというオムニバス作品でしたね。

村上　これは篠崎誠さんの方ですね。

柳下　ええ、篠崎さんなので非常に豪華なメンツで、黒沢清さんの映画とかもあったりするという。ひとつお題を出し何かを作るというシリーズの最初ですね。

村上　しまださんがガンダーラ映画祭を始めたころに、ぼくはホラー版「悪魔の刑事まつり」で一本撮っています。ガンダーラ映画祭と背徳映画祭はしまださんが提案して作ったものですが、しまださんがプロレスのプロモーターみたいな気持ちになっちゃって、もう煽るんですよ。

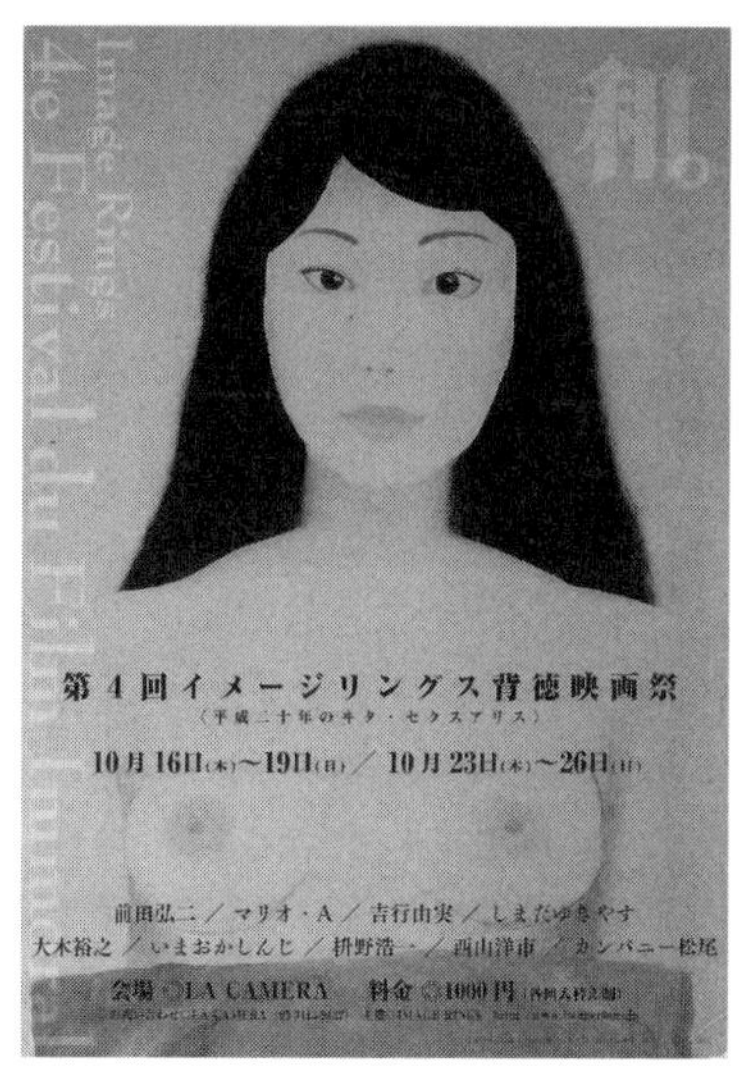

ぼくだとか山下くんとか松江くんだとか古澤くんを焚きつけて映画を作らせたんですが、でもこれ全部監督の自腹ですよ。自主映画ですからね、自腹で作らせて戦わせるんですよ。

柳下　でも戦うって、誰が一番ウケたかみたいな話ですよね。

村上　やっぱり一緒に上映するとなると、松江哲明には負けられないとか、山下敦弘と一緒にやるなら恥ずかしいもんは作れねえなみたいな。

しまださんもお金は出さないんですが、たとえば車両だとか機材とかは出してくれてすごく協力してくれたんです。そんな中で、自分は第二回ガンダーラ映画祭で『俺の流刑地』(二〇〇七)っていうのを上映しているんですが、これは渡辺文樹のドキュメンタリーですね。

柳下　これは本当に唯一無二の映画です。渡辺文樹が上映ポスター貼るところをちゃんと押さえている。

村上　映画という文化を真剣に考えると、やっぱり渡辺さんは避けられないわけで、撮ってよかったなと思っています。

渡辺文樹こそが映画である

柳下　ぼくも渡辺文樹との出会いによって映画観を揺るがされて、これこそが映画なんじゃないのって思ったところから、青土社から『興行師たちの映画史 エクスプロイテーション・フィルム全史』という本を出したんです。それぐらい重要な映画監督だと思ってるんですけど、でも渡辺文樹自身は犯罪者ですから。本当に捕まってますからね、食い逃げとかですけど。

村上　今思い出したんですけど、渡辺さんとしまださんってめちゃめちゃウマが合ったんですよ。

柳下　へえ。

村上　しまださんは、渡辺さんの人生を漫画にするっていう企画の原作まで書いてるんです。たしか「実話ナックルズ」のような雑誌なんですけど、そこで「渡辺文樹物語」みたいな原作まで書いている。やっぱり何か似た体質があったのかな。

柳下　しまださん、そういうところがあった気がするな。

村上　だからしまださんが亡くなったときに、渡辺さんからすごく心配して電話がかかってきたのを覚えてますよ。

柳下　渡辺文樹ってこっちが思ってるほどショーマンじゃないっていうか、あの人って純粋に映画好きなんです。本当に純粋に映画に人生を捧げてる人。ああいういろんなことやって客を挑発してるのかなって思っちゃうんですが、彼にとっては実は不本意なことで、単にそういうことをしないと映画に客が来ないからやってるだけなんです。

村上　本当にそうです。

柳下　法律とかモラルとかの枠を超えて、純粋に映画が好きなんです。

村上　撮影も宣伝も、法律やモラルの感覚は世間とはずれてますね。

柳下　でも映画を純粋に愛してることは本当。映画愛とか言うけど、渡辺文樹ほど映画を愛してる人はいないんじゃないかってよく思う。もちろん映画を愛してるかどうかと、モラル云々は別の話で。もちろんやってることはアウトなんですけど……そのくらい、いいじゃん……って思ってしまうところが、正直あります。

村上　昔のゲリラ撮影の頃の武勇伝とか、いまでは文字にもできないし、ここでも語れないです。

柳下　撮影したけど映画には使われていないものがいっぱいある。

村上　使えないですね。当時のことを聞くとめちゃめちゃですよ。だからこそ今の時代には渡辺さんは沈黙してる、せざるを得ない。逆に渡辺さんが活動してたっていうのは、良くも悪くも映画を作るっていうことについて、世間が寛容だったのかなと。

柳下　いいか悪いかは別の話で、もちろん悪いに決まってるんですけどね。

村上　やっぱりぼくの中で映画を作るときとか、語るときに、心の中の渡辺文樹さんが疼くときはありますよ。もちろん我慢してるけど。何かの映画で、乗っている電車から人間が飛び降りて川に落ちる場面があるんですよ。その場面で、カメラマンに役者と一緒に電車から川に落ちろって言ったらしいんです。カメラはどうなるんだって話ですが、そういうことを真剣に指示したことはあるそうです。あとはあの家を邪魔だから燃やせ、みたいなことを助監督によく言っていたというのは聞きます。

柳下　黒澤明じゃないですか。

村上　あとは本当に言えないっす。柳下さん、渡辺さんのその一番すごい時期に上映って行かれたことあるんですか。

柳下　行ってましたよ。

村上　機動隊に囲まれてたという。

柳下　それはさすがにないですけど、最初の上映は必ず公安がいるんで、彼らと一緒に映画を見るのはしょっちゅうでした。

村上　千歳烏山で警察と右翼に囲まれて上映していたときがあって、当時渡辺さんってドーベルマンを二匹ぐらい飼っていたんです。右翼と警察が揉めている罵声と、上映会に連れてきたドーベルマンの鳴き声が合体したのが外からガンガン聞こえてきて、さらに「この上映は右翼が乱入していつ中断するかわかりません」みたいな怖い前口上があったりして、もう4DXどころじゃない状態で。『腹腹時計』（一九九九）だったかな、緊張感と臨場感が半端なかったですね。でも、そういうところが魅力的だったなと思います。

許されざるものども

柳下　でも渡辺さんだけじゃなくて、イメージリングスの監督たちの中にも、そういうラインを踏み越えるみたいなことは、多かれ少なかれやっぱりあった。いいか悪いかで言ったら悪いし、文句言われたら謝れよって話なんですけど、何かを始める前から「ここから先はアウト、ここまでやりますよ」って縛りをかけてくることに関しては、これは自主映画だからとか、予算がないからとか、こっちも体張ってんだからとか、映画愛だからとか、いろんな言い訳はあると思うんですけど、そういう中で踏み越えちゃう、遊んじゃうっていうことはあった。許されてはいないんでしょうけど。

村上　世間的にもそういうコンプライアンスみたいなものについての意識が薄かったじゃないですか。

柳下　正直な話をすれば、確かに申し訳ないことはいっぱいあるんですけど、それが一律にコンプライアンス的に間違ってるからNGかっていうと、なんかそうでもないよねっていう。

村上　いつの間にか法律的なものを破っちゃってる部分はありましたよね。でも今は、もうやっぱり映画を教える身になっていると、やれとは絶対に言えないです。

柳下　ヴェルナー・ヘルツォークの映画学校というかマスタークラスというのがあって、今はもうやってるかはわからないんですが、授業の最初に何をやるかっていうとピッキング、鍵の開け方を教えるんです。つまり不法侵入の仕方ですね。ヘルツォークに言わせると、予約してたはずの機材が手違いで手に入らなかったりするときは、鍵を開けてでもそこに取りに行けみたいな話で、別に泥棒しろとは言ってないとは言うんですが、最初に泥棒のやり方、侵入のやり方、そして隠し撮りのやり方からまず教えるらしく、さすがヘルツォークだなと思った。もちろんこんなことはヘルツォークだけだと思うんですが、そういうところは割と理解できるところはある。やれとは言わないですよ、やったら犯罪だから。

村上　やっぱもう今は駄目なんだって思うのは、廃墟ですよね。

柳下　あー。

村上　ぼくらの二十代の頃、廃墟で撮影するっていうのはもう定番で、許可の取りようもないけれど、あそこならやっぱりいろんなイメージの映像が撮れるから重宝した。でも今はやっぱりそこは許可が必要だよね、不法侵入だよねってなって、撮れない。そういうところはどんどん変わっていく気はしますよね。今の若い子たちはいろいろ考えて作らなくちゃいけないから大変だなと。

柳下　こういうことを言うとちょっとあれなんですけど、しまださんが亡くなっちゃったのが二〇一一年で、もしいま生きていたらブツクサ文句言ってたと思うんですよ。

村上　そうですね。今思い出したんですけど、しまださんの撮影に付き合って、表参道にあった同潤会アパートに行ったとき、そこの屋上だとか中で勝手に撮ってたわけです。当時、撮影中に住民の人にもたくさん会ったけど、何にも言われませんでしたよ。あー、また八ミリで撮りにきてるなぐらいな感じで、すごく寛容だったんです。

柳下　やっぱりしまださんが亡くなっちゃったのは運命、とは言いませんけど、なんかちょっと象徴的な感じがしちゃう。

村上　今、しまださんが、健在だったらどんなこと言うんだろうなと思いますね。

柳下　当時のことは当時のことで済ませちゃうほうがいいのかな、とも思うんですが、やっぱり考えちゃいますよね。別に正解はないんです、難しいな、というだけで。

「やりがい搾取」の一言ですべてを断罪してはならない

村上　ちょっと話戻るようですけど、「呪いのビデオ」だとか、パル企画のやつって確かに安い予算でやりがい搾取的な部分もあったんです。でもぼくも含めて監督たちにとっては、初めて仕事をもらえてデビューできたことは大きい意味があると思うんですよね。そこんところは、中村さんもぼくと同じ年齢なんですけど、感謝してると思うんですよ。だからこそ彼は今も『劇場版 ほんとにあった！呪いのビデオ100』（二〇二三）の監督やったりとしているわけで。一長一短だと思いますよ。もちろんやりがい搾取や未払いはすごく悪いことだけど、大橋さんなり、ジョリー・ロジャーをそれらだけで断罪してはいけない。ここは本当に微妙なところです。

柳下　ちょっとロジャー・コーマン映画みたいなところありますよね。

村上　大橋さんがこういうことやっていたのは、ロジャー・コーマンの本を読んだからなんですよ。あの有名な「10セントも損をしなかった」という本（『私はいかにハリウッドで100本の映画をつくり、しかも10セントも損をしなかったか―ロジャー・コーマン自伝』）ですね。

柳下　あの本を読んでそういうとこだけ学ぶってのはどうなんだ（笑）。

村上　でも、だとするとあのときのぼくらの状況って、太平洋を挟んで離れたロジャー・コーマン門下みたいなもんかと思わなくはないです。コッポラとかスコセッシもいわゆる搾取映画でデビューしたところはあるじゃないですか。

柳下　そこはやっぱり人徳の差があって、コッポラの最新作の『メガロポリス』（二〇二四）、こないだ初めての試写があったらしいんですけど、ちゃんとそこにコーマン呼んでるんですよね。

村上　アカデミー賞でコーマンは名誉賞もらえるけど、大橋さんは何の賞ももらえないですよね。でもやっぱり商業デビューさせてもらったってところはある。たとえば「Q」っていうけっこう人気があるフェイクドキュメンタリーシリーズやってる寺内康太郎くんも、ジョリー・ロジャーでおそらくいちばん作品作っている監督で、当時は遅れや未払いとかで大変だったかもしれないけれど、今でもちゃんと面白い作品作っている。なんかすごい大橋さんを褒めている感じですよね、今は何にも関係とかないし、別に褒めているわけではないんです。

柳下　「青春H」というものもありましたね、ご存知ない人も多いと思うんですが、二〇一〇年にスタートして、予算五十万円でヌードシーンがある作品を作れという企画で。つまり誰かが脱いだら五十万円で映画を撮らせてやる、上映もさせてやるっていう。当時からこれはやりがい搾取だろうって文句を言われてたし、ぼくもよくないんじゃないかって思っていたんだけど、わりとみんな撮っちゃっていて。その第一弾を古澤くんが撮っていて、さすがにそれ撮っちゃ駄目だろうみたいな文句を言った記憶があります。

『花腐し』と「青春H」

村上 やっぱり劇場公開でやるっていうのが監督には魅力ありますよね。ところで、『花腐し』(二〇二三)って見ました?

柳下 ごめんなさい、見てないんです。

村上 あれの前半で「青春H」の話が出るんですよ

柳下 えっ。

村上 あの映画ってピンク映画の監督と女優が心中してあれって何なんだろうって主人公が思慮する物語なんですが、その亡くなったピンク監督のお通夜のシーンで「青春H」の話題がかなりガッツリと出てくるんです。いまおか(しんじ)さんと川瀬(陽太)さんが出演してるんですが、ふたりとも監督役で川瀬さんがいまおかさんに「お前、「青春H」なんかで五十万で映画作っていいのか」みたいな話をするんです。「あれは仕事じゃない、五十万円じゃ誰にもギャラ払えねえじゃねえか」って言ったら、いまおかさんが「俺はタダでも撮りたい」というようなことを言って2人で殴り合いになる。あれ必見ですよ。

柳下 まさかそんなことに。

村上 「青春H」って、五十万って言われてますが、アートポートのプロデューサーが制作部みたいな役割もやってて、ロケ場所を探したりだとか、そういうところはやってくれて、台本でもう少し予算かかるよねってときはちょっとはプラスはあったっていう話は聞きます。そうじゃなくちゃまず作れないですよ。

柳下 基本的にはドグマ映画みたいな感じのイメージなんですかね。

村上 でもやっぱり五十万はすごいと思いますよ。

柳下 何本くらい作ったんだろう?

村上 四十本くらいですね。

柳下 あれで監督デビューって人も何人もいる

んですよね。

村上　『花腐し』のセリフをメモしているんですけど、「映画作りたい俺たちの気持ち利用して五十万円で作らせて、DVDで儲けるんだろう、制作会社が。いまおかどうなんだよ、お前撮っているんだろう⁉」って、荒井晴彦さんがこのセリフを書いて演出しているんです。ここに、これまで話していたことが、だいたい簡潔に説明されていますね。

柳下　やりがい搾取もあるけど、同時に映画やりたいっていう部分ももちろんあって、それとのせめぎ合いみたいなところと、自主映画の楽しさっていうのがごっちゃになってた感じがする。

村上　五十万とは言いつつ、劇場公開される映画作れたら、楽しいっちゃ楽しい。

柳下　楽しいよね。

村上　やる人の気持ちもわかる。

柳下　たぶん劇場公開の意味もいまとは違ってて。

村上　この十年で変わっちゃってますね。

柳下　今はもう普通に、どこの映画館でもビデオ持っていけばかけてくれるわけですが、あの頃はまだまだ劇場公開とビデオスルーの間には如実な差があったわけです。

村上　でもやっぱりそれでもペイができなくなっちゃって、「青春H」はなくなっちゃったんです。

柳下　今日ムラケンを呼んで話をしたかったのは、大橋さんの話もそうですが、「ギャラの未払いで有名だ」みたいなことだけがWikipediaに残ってしまうのはいかがなものかと思っていて。結果としてはやりがい搾取でしかないんだけど、でもそれは自主映画が盛り上がってたということでもあるわけじゃないですか。

村上　そうですね。

柳下　自主映画ってコンプライアンスがちょっと怪しいよね、いいかげんなことが起こってるよねっていうのも、それは平野とか井口くんとかのAVもそうだったし、それこそやりがい搾取的なところから映画にフィードバックされてるものも確かにあったし、結果だけで今見るとゼロ年代の自主映画ってやりがい搾取ばっかりひどいみたいな話になりますけど、全体を見ると、なかなかそう一言で言い切れる話じゃないだろうという。

村上　もちろんそこに仕事をいただける嬉しさもあったし、今でも覚えてるんですけど、『呪霊2』が発売されて、やっぱTSUTAYAにビデオ並んだ日は見に行きましたもんね。棚に並んでいるのを見るとやっぱり嬉しかった。そういう嬉しさってのはあるんですよ、絶対に。未払いでひどいっていう状況は作っちゃったけれど、ぼくらにある種の発表する喜び、居場所をくれたことにはやっぱり感謝っていうか、ありがとうっていう気持ちはありましたよ。今、本人に会ってありがとうと伝えたい気持ちはさらさらないですけど。

柳下　未払いで大橋を許さないって言ってる人もいると思います。

地方映画隆盛は大林宣彦の罪？

村上　やっぱり人間っていうのはいろんな側面があるわけで、それはしょうがないことです。でも、彼の話で何が一番恐ろしいかって、そんな大橋さんが今でも映画作ってることなんですよね。柳下さんはご存知だと思うんですが、いま大橋さんが何をやってるかというと「ふるさと映画」なんです。地方映画の雄なんですよ。

柳下　秋葉原でやってるんですよね。

村上　本人が監督で、各地方を題材にした映画を作ってるんすよね。ぐるぐる回ってまた柳下さんの領域に入ってきた。

柳下　観察対象になってしまう。

村上　地方創生がテーマの映画ばかり作ってるんですよ。

柳下　よくわかんない怪しい映画をやってるんです、こわいなって。あとサウナ映画やってますよね。サウナブームにのせて、かわいいグラドルの女の子がタオル一枚で、脱ぎはしないんですが出てくる、っていうところで企画された映画なんでしょうけど。

村上　最新作はあれですね、ＳＰＥＥＤの今井絵理子が原作の。

柳下　原作？

村上　今井さん原作の『親子劇場』（二〇二三）っていう鳥取県倉吉市を舞台にした映画をやってるんです。これは真面目な映画で、今井さんのお子様が聴覚の障害があって、そのことについて書いた本を原作にして映画の監督してるんです。でも本当に不思議って言っちゃ失礼ですが、あんなにネット上に「未払いの人」って書かれているのに、今も映画の仕事をやってるってやっぱすごい。ど根性の人だなと思います。もう尊敬する……いや、尊敬するって言っちゃいけないか。でもすごいなと思いますよ。本当にいま地方映画といえば大橋さんなんで、柳下さんには研究対象にしてもらえればと。

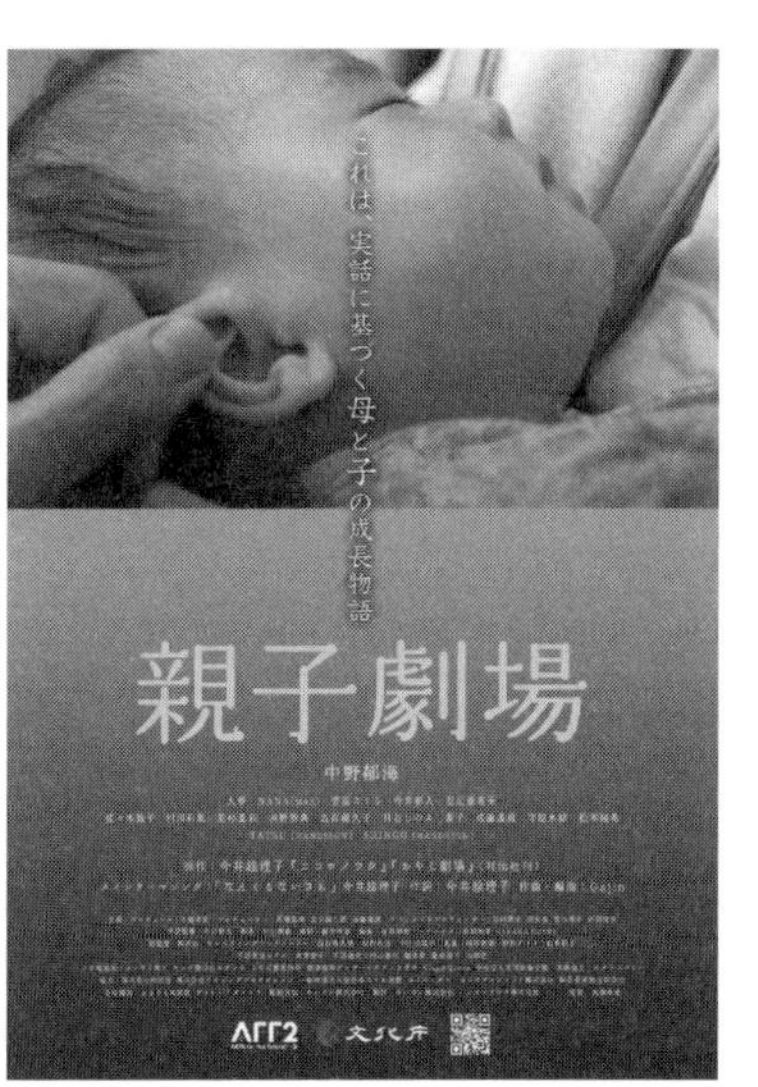

柳下　地方映画は現代日本映画のエクスプロイテーションだと思ってるんです。地方映画については一応仕組みも理解できたんですが、一番盛り上がった時期ってちょっと前なんですよね、実は。平成の大合併の十周年っていうタイミングで二〇一五、一六年頃に大量に作られて、それがピークで終わるのかなと思ってたんです。ところがぜんぜん終わりゃしねえ。どうしてくれようかっていうぐらいで。

村上　なんで地方映画って作られるんですか？根本的な質問なんですけど。

柳下　根本は大林宣彦が悪いんです。

村上　そうなんですか

柳下　みんな大林宣彦の成功、というか尾道市の成功を見て、あれで夢を見たんですよ、唯一の成功体験。

村上　でも『時をかける少女』（一九八三）はそう簡単には作れないじゃないですか

柳下　もちろんそうです。でも夢としてあるんですよね。それがまだ蔓延してる。尾道市は映画の都として再生したみたいなストーリーを夢見てる。

高崎は第二の尾道となるか？

村上　ぼくは出身が群馬県高崎市なんですけど、高崎ってめちゃめちゃ映画の舞台になってるんです。最近だとカトリーヌ・ドヌーヴとマチャアキ（堺正章）が高崎に来てました（『スピリット・ワールド』）。新しい版の『セーラー服と機関銃　―卒業―』（二〇一六）も高崎。

柳下　それは街並みとかの関係なんですか。

村上　なんですかね。でもこんなにロケ地として使われてるんですけど、ぜんぜん観光にはつながってないですよ。

柳下　ドヌーヴが立ったからドヌーヴ階段とかそういう名称をつけるとか……。

村上　いや無理でしょうね。今マチャアキとドヌーヴが橋の上に立ってる写真が出回ってますけど、あの橋、うちの実家から徒歩三分くらいのところなんです。でもぜんぜん尾道状態にはならない。やっぱ名作がないせいなんですかね。

柳下　『東京物語』（一九五三）みたいなのがないとだめなんですかね。高崎で撮られた映画って言われてもあんまりイメージが湧かないもんな。

村上　でもけっこう多いんですよ。『あしたのジョー』（二〇一一）ってあるじゃないですか、古いほうじゃなくて山下（智久）さんが出てるやつ。あれも撮影はうちの近所らしいですよ。やっぱり昭和の町並みが残ってるから、泪橋とか再現できると思うんですかね。あとびっくりしたのは白石監督の若松孝二の映画。

柳下　『止められるか、俺たちを』（二〇一八）ね。

村上　あれの最後に赤バスがバーっと出るところはうちの近所なんです。

柳下　でもちょっと難しいよね、別にあれが高崎で撮ったって言われても喜ぶ人あんまりいなそうだし。素性のよくわからない町に使われがちなのかな、東京からも近いってことで。

村上　それがたぶん一番大きな理由ですよね。

柳下　今後はぜひ村上さんにも高崎の町おこしをやってもらいたいですね。ノウハウは一応ありますよ。

村上　ホルモン映画の監督にはいっぱい仕事が来て、ぼくのような群馬出身の監督に依頼がまったく来ないのが悔しいんですよ。町おこし映画、誘われたら何でもやりますので。

柳下　フィルモグラフィーを見て『ALLDAYS 二丁目の朝日』と『細菌列島』をやっている監督となったら、何でもやる方なんですねっていうのは間違いなく伝わると思うんで、大丈夫です。

現代日本におけるエクスプロイテーションとは何か

村上　少し話は戻るんですが、やりがい搾取がらみで一つ反省していることがあるんです。ぼくが最初に監督した『呪霊2』って、最初にとある監督が断った企画なんですね。たぶんこの規模の予算だとなんにもできないってふうに断ったんだと思いますが、それでぼくが仕事をもらったときに、民生機のミニDVカメラで撮ればいいじゃんってやっちゃったから、そこが新たなベースになったことはある。つまり「三百万円でもこのぐらいのものができるよね」というのがプロデューサー側の認識になった。だからその後はもうそこからどんどん安くなるだけ、その原因を作ってしまったのかと思うと反省してます。ほんとうに「ぼくたちの失敗」ですよ。

制作会社からすれば、これでできるんだったらさらに一割減らそう、みたいなにどんどん制作費を落とす。後輩っていうか、下の世代の人たちには本当に申し訳ないことしたというか、あの頃の二十代のぼくらがミニＤＶでいろいろ作っちゃったことが、いまの映画予算を下げた原因なのかなと。歴史的には若者が上の世代を蹴落とすというのはつねにあるわけで、しょうがないんだけど、でも最初に予算をめぐって戦わずにそのままやっちゃったことは本当に申し訳ないなと。とくにいま低予算映画の世界で戦ってる子たちには。

柳下　難しいよね、村上さんたちがやらなくても別の誰かがやってたことでしょうし。

村上　そうでしょうね……。

柳下　ぼくにとって「皆殺し通信」ってのは、エクスプロイテーションの研究だと思ってるんです。今の日本におけるエクスプロイテーションって何なのかということを考えると、こういう歴史的な文脈を語ってもらうことは重要なんですが、ゼロ年代の日本映画のエクスプロイテーションについて喜んで話をしてくれる人なんかいないし、このあたりの話を突っ込めるのは村上さんくらいしかいないかな、ということで今回はちょっと汚れ役を買って出ていただいて。

村上　ぜんぜん大丈夫ですよ。ところで『劇場版 ほんとにあった！呪いのビデオ100』って見ました？　これが傑作なんですよ。この企画ってそもそもは『リング』（一九九八）のパロディじゃないですか。

柳下　うん。

村上　というか便乗じゃないですか。そもそも最初中村義洋さんは、あの映画に出てくる「呪いのビデオ」みたいなものを作ったんです。でもそれがぜんぜん駄目だってなって、心霊写真のビデオ版、いわゆる心霊ビデオみたいなものを作る方に変更した。つまりあのシリーズって、そもそもタイトルが間違ってるんです。「ほんとにあった！呪いのビデオ」じゃなくて「ほんとにあった！心霊ビデオ」なんですね、正確に

は。でも『劇場版 呪いのビデオ100』ではちゃんと「ほんとにあった!呪いのビデオ」になってる。つまり見たら呪われる「呪いのビデオ」の話をちゃんと描いていて、百本目にしてついに落とし前をつけたなって感動しました。そういうことを含めて面白かったです、おすすめですよ。

柳下 今日の宿題は『花腐し』と『劇場版 ほんとにあった!呪いのビデオ100』ということで、みなさんはぜひ『ALLDAYS 二丁目の朝日』のDVDを買って見てください。『工場萌えな日々』でもいいです。ということで、どうもありがとうございました

質疑応答
森達也『福田村事件』

——村上さんに質問です。森達也監督の『福田村事件』(二〇二三)はご覧になりましたか。何か所感などお話いただけたら。

村上 はい、見ましたよ。まず一つ不満として、公開前後にあれが森達也初の劇映画だっていう表現を散見したけど、あれ違うなと思ってるんです。そもそも「刑事まつり」で劇映画撮ってますからね。

柳下 そうですよね、確かに。

村上 それに対して森さんが「違う」って言わないのが本当に嫌なんです。映画を売るために、森さんとぼけているなと思いました。もう一つ、ドキュメンタリー監督の森さんが役者への演出

がよくできているという話もよくされていましたが、でもそれは当たり前なんです。なぜなら森さんってもともと役者だから。役者の生理みたいなものがちゃんとわかってる、だから演出は普通にできるんですよ。ちなみに柳下さんはどうでした、『福田村事件』。

柳下　ぼくはもうちょっと血生臭くやってもいいんじゃないかと思った、スプラッター成分が足りないなと。

村上　同意見。ぼくは前半が面白かったんですよ。「エロ」ということを含めて、役者の魅力を撮るってことに関しては森さんノってるなと思ったんですけど、後半の虐殺シーンが、それまで出てきた人たちとあんまり関係なく進行するんすよね。

柳下　森さん、あんまり好きじゃないんだと思うんですよ、スプラッターっていうか、ホラー的なものが。だからもっとエロ好きなんだからエロスにいけばよかったんじゃないかな。

村上　現場においてその人間の魅力というかエロスってものを撮ることには、現場で森さんはすごくノっていたふうに、ご本人は否定されるかもしれないけど、ぼくはそう思えました。だから前半はすごく面白い。でも後半は、あの惨劇に今まで出てきた人物たちがそれほど絡んでないから、そこはすごく不満でしたね。だからすごく残念で。確かにあの残虐なところを監督として捌くって、めちゃめちゃ大変なことなんですけど。

柳下　R指定とかの問題もあるから、どこまでできるのかっていうこともあると思うんですけど、でももうちょっとおぞましい残虐シーンがあってもよかったんじゃないかっていう気はしましたね。

村上　だからこそ心にくるっていうのはある、彼らがそれらをちゃんと目の前に見るっていうのは大事だと。あと、やっぱり一番最初に朝鮮人に手をかけるのが、女性じゃないですか、ちょっと気がおかしくなっている。その設定がちょっと残念だなと思いました。でも全体としては、やっぱり役者の生理がわかってる森さんだからこそ撮れた、役者の演技を楽しむ映画だと思って、すごいなと思いました。

村上　え、拍手されることですか？

（会場拍手）

柳下　うまくまとめたなっていうね、はい。

柳下毅一郎・村上賢司による二〇二三年ベスト日本映画＋α

村上　ちなみに二〇二三年、柳下さん邦画のベストワンって何ですか？　二〇二三年ってベストテンとか発表してないでしょ。

柳下　ブラックホールでやりましたけど、邦画なんかあったっけ……ああ、邦画はあれですよ、一番は。山形で見た『どうすればよかったか？』（二〇二三）。

村上　あれ劇場公開されるんですか？

柳下　やります、今年の年末くらいか、十月ぐらいに多分やると思う。

村上　高円寺で一回だけ上映してました。

柳下　ご覧になりました？

村上　いや、行けなかったんですよ

柳下　本当にぜひ見てほしい。あれはすごいですよ、やばいですよ。

村上　ある一家のお姉さんが統合失調症にかかってしまうんだけど、医者であるご両親がそれをそのまま何十年も隠していて、それを弟である映像作家が撮り続けてるっていう作品ですよね。

柳下　もうすごい映画なんですよ、見てるだけで死にそうな気持ちになる。

村上　でも山形にそういうのがあるってのはやっぱりいいですよね。

柳下　やっぱ山形はね。正直な話、去年の山形って全体的にそんなにすごかったとは思わなかったんですよ。だけど、やっぱり何かしらの出会いがあるんで、行く価値はある映画祭だとは思います。ぜひ来年の十一月には皆さんもぜひ、

村上　山形は最高です。この前、アラブ関係の専門家の人と話していて「なんかアラブ系で面

白かった映画ありませんか」って聞かれて、ふと思い出したのがトルコでスターウォーズのバッタモン映画ばっかり作る人のドキュメンタリー（『リメイク、リミックス、リップ・オフ』、二〇一四）。

柳下　トルコ映画界のドキュメンタリーですね。

村上　それ劇場公開できないですかって言われて。

柳下　絶対にできないよ！

村上　そういうものがポコッと字幕付きで見られるから山形はいいですよね。スターウォーズの勝手なパロディなんですよ。

柳下　パロディというかスターウォーズのフィルムをそのまま勝手に使って、勝手にスターウォーズ映画を作っちゃってるんですよね。

村上　デススターの映像を後ろに流しながら、それを攻めるXウイングのパイロットがトルコ人っていう、そういう映画ばかり作ってる監督たちのドキュメンタリー。やばいっすよね。

柳下　あと音楽担当の人がいて、レコードの山を見せて、「これがトルコ映画界の音楽部で、全部ここで作られてるんだ」っていうんだけど、エンニオ・モリコーネとかのサントラがいっぱい並んでるだけなんだよ。

村上　全部パクッてるだけっていう。でもあれ感動しますよね、最後は。

柳下　そうですよね。

村上　外国に監督が招待されて、怒られるんじゃないかなとビクビクしながら行ったらみんなに歓迎されるっていう。結構感動的な感じです。あとあれご覧になりました？　ニューヨークのビデオ屋の。

柳下　『キムズ・ビデオ』（二〇二三）ですね、もちろん。あれは去年のベストワンです。やっぱり。ニューヨークの友達にこの映画の話をしたら、公開されてないよって言われた。世界のどこでもまだ公開されてなくて、映画祭だけしかやってないみたい。著作権的な問題があるのかなあ。だから映画祭上映はできても一般公開はできない。やっぱり山形に行かないと見られ

ないものがあるわけです（編注：その後、NYでも公開された）。

村上　ちなみにぼくの去年のベストワンは『おーい！どんちゃん』（二〇二二）っていう、『さかなのこ』（二〇二二）の沖田修一監督の自主映画で。

柳下　どこでやったの？

村上　ぼくが見たのは目黒シネマです。二〇二一年の映画なんすけど、もう完全な自主映画で。自分の子供が生まれたときに買ったビデオカメラで撮影して、ワークショップに参加した役者たち中心で作ってるんすよ。

柳下　へえ。

村上　すごい傑作ですよ。やっぱりさっきまで話していたやりがい搾取みたいな話ではなく、長い期間で好きな仲間たちと作る映画っていうのがやっぱこれからの一つの映画作りの形かなと思って。

柳下　ごめん、やっと思い出した。去年の邦画と言えば「ジェットマン」（二〇一九ー）。荒木

（太郎）さんのね、あれは泣けました。まさにこれも奥さんと子供を撮ってる映画で。やっぱりこれからのトレンドはそれか、こどもホームムービー。

村上　『おーい！どんちゃん』も撮影期間五年なんで、子供がどんどん成長してくんですよ。そこに役者たちも絡んで。

柳下　ちょっとリンクレイターみたいな感じですかね。『Boyhood』（『6才のボクが、大人になるまで。』、二〇一四）みたいな。

村上　それに近いですね。コメディなんですけど、でもその家庭レベルっていうか、バーベキューをみんなで集まってやる感じのスタンスで作った作品の方が、そういうやりがい搾取とかない部分で、うまいものが作れるんじゃないのかなと。

柳下　見たいですね。

村上　もう必見ですよ、涙出ます。頑張って見ましょう。

柳下　どこで見れるのかわかんないけど。

村上　沖田さんに電話するしかない。沖田さんの特集上映があるときに狙いましょう。あと映画祭とかでやるんじゃないですかね。ところで柳下さん、『怪物』（二〇二三）はどうだったんですか。

柳下　微妙な話をまた振ってくる。映画は駄目なんですよ。でも監督はいい人ですから。

村上　さっきゴジラでもそんな話してましたよね。

柳下　いや山崎貴はどうでもいいんだけど、是枝さんはいい人だから……去年の映画を考えたときに『シン・仮面ライダー』と『ゴジラ-1.0』と『怪物』、その三本で「怪物三本立て」かなと思ったんですけど。どれも微妙な感じで。『怪物』は正直……つまんないですよ。でも是枝さんはいい人なんで、そこだけはわかってほしい。

村上　なるほど。

柳下　そういうことで、今日は本当に長々とありがとうございました。村上さんに盛大な拍手を。

村上　すいません、なんかいろいろベラベラ喋っちゃって。

柳下　ありがとうございます。本当に助かりました。

皆殺し映画リスト

皆殺し映画リスト 50音順

柳下毅一郎　やなした・きいちろう

1963年大阪府生まれ。英米文学翻訳家、映画評論家。訳書にアラン・ムーア＋エディ・キャンベル『フロム・ヘル』（みすず書房）、ジーン・ウルフ『ケルベロス第五の首』（国書刊行会）、J・G・バラード『クラッシュ』（東京創元社）、ジョン・ウォーターズ『ジョン・ウォーターズの地獄のアメリカ横断ヒッチハイク』（国書刊行会）、『ジョン・ウォーターズの悪趣味映画作法』（青土社）、『厄介者のススメ ジョン・ウォーターズの贈る言葉』（フィルムアート社）ほか多数。著書に『興行師たちの映画史 エクスプロイテーション・フィルム全史』（青土社）、『新世紀読書大全 書評1990-2010』（洋泉社）などがある。

柳下毅一郎の皆殺し映画通信

https://www7.targma.jp/yanashita/

有料WEBマガジンとして、2012年12月1日よりスタート。日本映画を中心として、最新映画評が読める！ 柳下毅一郎の出没情報もあり。

皆殺し映画通信
ストライクス・バック

2024年7月20日　初版発行

著者　柳下毅一郎

ブックデザイン　山田英春
カバーイラスト　町田ヒロチカ
ロゴイラスト　三留まゆみ
企画協力　清義明（オンザコーナー）
編集協力　幣旗愛子
編集　田中竜輔（フィルムアート社）

発行者　上原哲郎
発行所　株式会社 フィルムアート社
〒150-0022
東京都渋谷区恵比寿南1-20-6　プレファス恵比寿南
tel 03-5725-2001　fax 03-5725-2626
https://www.filmart.co.jp/
印刷・製本　シナノ印刷株式会社

ISBN978-4-8459-2401-1　C0074